図解でわかる

減価償却
いちばん最初に読む本

税理士
渡辺尚人

アニモ出版

　減価償却は、会社の経理処理のなかでもやっかいなものの1つです。特に、平成19年度の税制改正で減価償却費の計算方法が大きく変わったため、ただでさえ難解な処理がさらに理解しづらいものになりました。
　本書では、簿記の基礎から決算書の作成、税務申告まで大枠で理解ができ、そのうえで減価償却について、実務を行なううえで困らない程度のレベルまでマスターしていただくことがねらいです。特に、次のような方にも理解しやすいよう、できるだけ平易な解説を心がけました。
- 新たに経理の仕事に就いた方
- 会計事務所に就職した方
- これから就職活動を行なうにあたって会計の知識を身につけたい方
- 会計や税務の資格取得に挑戦したいと考えている方
- 会社の数字の見方を一から学びたい中小企業の経営者

　長引く日本経済の不況のなか、企業活動も長期的な停滞状態に陥っています。このような状況のなかで本書を手に取られた方は、自分自身を「チェンジ」しようとしている、あるいは自分自身のために「チャージ」しようとしている方かもしれません。
　本書があなた自身の「チェンジ」「チャージ」に役立つことを祈りつつ、日本の国全体が一刻も早く復興そして以前より強い国に成長を遂げることを願っています。
　なお、平成19年度および20年度の税制改正において、減価償却制度が大幅に改正されました。実務では、改正前の減価償却制度と改正後の減価償却制度の両方が併存しています。本書では、特別に両者を区別する必要がある場合には、たとえば「新定額法」「旧定額法」などと区別して記述しています。

2011年9月　　　　　　　　　　　　　　　　税理士　渡辺尚人

2025年4月5日現在の法令等にもとづいて、第12刷を発行しました。

『図解でわかる減価償却　いちばん最初に読む本』
もくじ

はじめに

1章 まず決算書と会計のことを知っておこう

1 決算書の基礎知識 ——— 12
「決算書」「財務諸表」って何でしょう？

2 B／Sのしくみ ——— 14
貸借対照表とはどういうものか？
　知っトク！　決算日とは　14

3 P／Lのしくみ ——— 16
損益計算書とはどういうものか？

4 B／S、P／Lの項目 ——— 18
貸借対照表、損益計算書の区分と名称

5 簿記の基礎知識 ——— 20
「複式簿記」「借方」「貸方」って何でしょう？

6 仕訳の具体例 ——— 22
取引を仕訳してみよう

7 勘定科目の名前と内容① ——— 24
貸借対照表の勘定科目を知っておこう

8 勘定科目の名前と内容② ——— 26
損益計算書の勘定科目を知っておこう

9 帳簿組織のしくみ ——— 28
財務諸表にまとめるまでの記帳の流れは？

10 会社の利益と課税所得 ―――――――――――――――― 30
　　　財務会計と税務会計には違いがある
　　　COLUMN　決算調整と申告調整の違いは？　32

2章　減価償却の基本的なルールを　マスターしよう

11 支出と費用の関係 ―――――――――――――――――― 34
　　　「減価償却」ってそもそもどういうこと？

12 減価償却の経理処理 ―――――――――――――――― 36
　　　仕訳と財務諸表の表示はどうなるか
　　　知っトク！　自動車は減価償却資産？　棚卸資産？　37

13 会計上・税務上の役割 ――――――――――――――― 38
　　　減価償却のメリットとデメリット

14 減価償却資産と使用可能期間 ―――――――――――― 40
　　　減価償却する資産と耐用年数は？
　　　知っトク！　決算書では耐用年数を自由に決められる！　41

15 法人税法と使用可能期間 ―――――――――――――― 42
　　　耐用年数は税法で決められている

16 減価償却資産の取得価額 ―――――――――――――― 44
　　　その資産はいくらで取得したのか
　　　知っトク！　取得価額にしなくてもよい費用　45

17 少額減価償却資産の特例等 ――――――――――――― 46
　　　安価な減価償却資産の取扱いは？

18 税込経理と税抜経理 ―――――――――――――――― 48
　　　消費税の取扱いには注意が必要
　　　知っトク！　「非常用食品」って減価償却資産？　49

19	「取得日」と「事業供用日」 ―――――――――――――― 50
	減価償却はいつからスタートするのか？

COLUMN　青色申告と減価償却　52

3章 減価償却の方法と減価償却費の計算のしかた

20	代表的な2つの償却方法 ―――――――――――――――― 54
	「定額法」「定率法」の特徴を知っておこう
21	平成19年3月31日以前に取得の場合 ――――――――――― 56
	「旧定額法」による減価償却費の計算

知っトク！　償却可能限度額とは　57

22	平成19年4月1日以後に取得の場合 ――――――――――― 58
	「新定額法」による減価償却費の計算

知っトク！　固定資産をしっかりと管理するには　59

23	平成19年3月31日以前に取得の場合 ――――――――――― 60
	「旧定率法」による減価償却費の計算
24	平成19年4月1日から平成24年3月31日までに取得した場合 ――― 62
	「新定率法」による減価償却費の計算①
25	平成24年4月1日以後に取得の場合 ――――――――――― 64
	「新定率法」による減価償却費の計算②
26	減価償却方法の選定 ―――――――――――――――――― 66
	資産によって償却方法は決まっている
27	変更申請と月割の償却費計算 ―――――――――――――― 68
	償却方法の変更と期中取得資産の償却

知っトク！　固定資産の購入と節税　69

COLUMN　固定資産税と償却資産税　70

4章 資産の種類ごとの減価償却のポイント

- **28** 建物の減価償却ポイント① ——— 72
  建物と建物附属設備をしっかり分ける
- **29** 建物の減価償却ポイント② ——— 74
  建物の取得価額と耐用年数
- **30** 建物の減価償却ポイント③ ——— 76
  建物の取扱いで注意すべきこと
- **31** 建物の減価償却ポイント④ ——— 78
  建設中の建物の取扱いは？
- **32** 建物附属設備の減価償却ポイント ——— 80
  建物附属設備に含まれるものとは
  - **知っトク!** ソーラーシステムの耐用年数　81
- **33** 構築物の減価償却ポイント ——— 82
  構築物にはどんなものが含まれるのか
- **34** 機械装置の減価償却ポイント ——— 84
  機械装置の耐用年数の決め方
  - **知っトク!** 機械の考え方　85
- **35** 船舶・航空機の減価償却ポイント ——— 86
  船舶と航空機の耐用年数の取扱い
  - **知っトク!** 無人リモコンヘリコプターの取扱い　87
- **36** 車両運搬具の減価償却ポイント ——— 88
  車両運搬具の耐用年数の取扱い
  - **知っトク!** 附属品の取扱い　89
- **37** 工具の減価償却ポイント ——— 90
  工具にはどんなものがあるのか
  - **知っトク!** 「前掲のもの以外のもの」とは　91

| 38 | 器具備品の減価償却ポイント ———————————— 92
器具備品の耐用年数の取扱い

| 39 | 特許権等の減価償却ポイント① ———————————— 94
無形減価償却資産にはどんなものがあるか

| 40 | 特許権等の減価償却ポイント② ———————————— 96
無形減価償却資産の償却費の計算のしかた

| 41 | ソフトウエア等の減価償却ポイント ————————— 98
ソフトウエアとＨＰ作成費用の取扱い

| 42 | 生物の減価償却ポイント ——————————————— 100
生物でも減価償却が必要になることも

| 43 | 繰延資産の償却ポイント ——————————————— 102
繰延資産には会計上・税務上のものがある

COLUMN 個人事業主と減価償却　104

5章 減価償却の実務をこなすために必要な知識

| 44 | 中古資産の耐用年数① ———————————————— 106
中古資産を購入したときの減価償却

| 45 | 中古資産の耐用年数② ———————————————— 108
簡便法による耐用年数の計算のしかた

| 46 | 資本的支出と修繕費① ———————————————— 110
「資本的支出」とはどんなケースをいうのか

| 47 | 資本的支出と修繕費② ———————————————— 112
フローチャートを使って区分しよう

| 48 | 資本的支出の減価償却 ————————————————— 114
取得時期によって取扱いは変わる

49 非減価償却資産の取扱い ─────────────── 116
　　減価償却をしない固定資産もある

50 少額な減価償却資産の取扱い ───────────── 118
　　取得価額10万円未満、20万円未満のものは…

51 中小企業の特例制度 ──────────────── 120
　　少額減価償却資産の損金算入制度の活用

52 少額減価償却資産の３つの特例 ──────────── 122
　　少額特例を受ける際の判断のポイント

53 資産の売却と減価償却 ────────────── 124
　　資産を売ったときの実務処理ポイント

54 資産の除却と減価償却 ────────────── 126
　　資産を除却したときの実務処理ポイント

55 有姿除却と減価償却 ──────────────── 128
　　資産を有姿除却したときの実務処理ポイント

　　COLUMN　平成27年１月１日以降に取得する「美術品等」の取扱い　130

6章 財務諸表への表示と法人税の取扱い

56 貸借対照表と減価償却 ────────────── 132
　　減価償却資産はＢ／Ｓのどこに表示されるか

57 直接控除法と間接控除法 ─────────────── 134
　　貸借対照表への表示のしかた

58 損益計算書と減価償却 ────────────── 136
　　減価償却費はＰ／Ｌのどこに表示されるか

59 キャッシュ・フロー計算書と減価償却① ────────── 138
　　キャッシュ・フロー計算書とはどんなものか

60	キャッシュ・フロー計算書と減価償却②	140
	キャッシュ・フロー計算書への表示のしかた	
61	財務会計と税務会計の関係	142
	法人税の計算では調整が必要になる	
62	申告調整のやり方	144
	申告調整は法人税申告書の「別表」で行なう	
63	償却限度額と損金経理	146
	損金に算入される減価償却費の計算	
64	償却超過額の取扱い	148
	償却超過額が発生したときの処理のしかた	
65	償却不足額の取扱い	150
	償却不足額が発生したときの処理のしかた	
66	減価償却と法人税申告書①	152
	減価償却費の計算は別表十六で行なう	
67	減価償却と法人税申告書②	154
	償却超過額があったときの別表四と五（一）	

COLUMN 新たな設備投資減税　156

7章 特殊な減価償却のしくみはこうなっている

68	特殊な減価償却の方法	158
	「生産高比例法」による減価償却のしかた	
69	減価償却の特例①	160
	耐用年数を短縮することもできる	
70	減価償却の特例②	162
	「増加償却」できることがある	

71 特別償却のしくみ①　———————————— 164
「特別償却」の活用と経理処理のポイント

72 特別償却のしくみ②　———————————— 166
中小企業投資促進税制

73 特別償却のしくみ③　———————————— 168
経営力向上設備を取得したときの特別償却

74 特別償却のしくみ④　———————————— 170
「特別償却準備金」と税務の取扱い

75 割増償却のしくみ　———————————————— 172
「割増償却」の活用と経理処理のポイント

　　　知っトク!　普通償却と特別償却等の関係　173

76 圧縮記帳のしくみ　———————————————— 174
「圧縮記帳」の活用と経理処理のポイント

77 リース取引と減価償却①　———————————— 176
リース取引の会計処理のしかた

78 リース取引と減価償却②　———————————— 178
リース取引の税務上の処理のポイント

　　　COLUMN　税効果会計と減価償却　180

【参考】●耐用年数省令　別表第七〜別表第九　182〜185
　　　　●耐用年数省令　別表第十　186、187

さくいん　188

編集協力◎株式会社プログレス
カバーデザイン◎水野敬一
本文DTP＆図版＆イラスト◎伊藤加寿美（一企画）

減価償却資産の取扱い
耐用年数
について知りたいときは

減価償却資産の耐用年数等に関する省令

（昭和40年3月31日大蔵省令第15号）
http://law.e-gov.go.jp/htmldata/S40/S40F03401000015.html

　本書では「**耐用年数省令**」と略称しています。なお、個別の資産の耐用年数などについては、上記省令の以下の「別表」を参照してください。

- 別表第一　機械及び装置以外の有形減価償却資産の耐用年数表
- 別表第二　機械及び装置の耐用年数表
- 別表第三　無形減価償却資産の耐用年数表
- 別表第四　生物の耐用年数表
- 別表第五　公害防止用減価償却資産の耐用年数表
- 別表第六　開発研究用減価償却資産の耐用年数表
- 別表第七　平成19年3月31日以前に取得をされた減価償却資産の償却率表　（☞本書182ページ）
- 別表第八　平成19年4月1日以後に取得をされた減価償却資産の定額法の償却率表　（☞本書182ページ）
- 別表第九　平成19年4月1日から平成24年3月31日までの間に取得をされた減価償却資産の定率法の償却率、改定償却率及び保証率の表　（☞本書183ページ）
- 別表第十　平成24年4月1日以後に取得をされた減価償却資産の定率法の償却率、改定償却率及び保証率の表　（☞本書186ページ）
- 別表第十一　平成19年3月31日以前に取得をされた減価償却資産の残存割合表

　おもな減価償却資産の耐用年数を知りたいときは、国税庁の下記サイトから検索すると便利です。

- 「耐用年数表　国税庁」で検索

（http://www.keisan.nta.go.jp/survey/publish/34255/faq/34311/faq_34353.php）

まず決算書と会計のことを知っておこう

経理をはじめて担当する人にとっては、いきなり「減価償却」といわれても理解しづらいでしょう。そこで、まず会社の取引や決算書、複式簿記の方法などをできるだけわかりやすく解説します。ここで、減価償却を理解するための基礎知識を身につけましょう。決算書や簿記の知識がすでにある人は読み飛ばしてもかまいません。

1 決算書の基礎知識

「決算書」「財務諸表」って何でしょう？

どんな小さな会社でも決算書はつくらなければならない

「A社が粉飾決算をしていることが明らかになりました」とか、「今期のB社の決算報告では過去最高の利益が計上されました」など、誰もが知っているような大きな会社の決算に関するニュースを目にすることがあります。

しかし、決算書はなにも大企業だけが作成するものではなく、小規模な零細企業といわれる会社でも作成が義務づけられています。

会社が日々行なう取引はそれこそ多種多様で、取引の数も膨大です。決算書は、その膨大な取引を項目ごとにまとめ、誰でも見やすいように集計した表であるともいえます。そして、その膨大な取引をひとつひとつ間違いのないように集計し、正確な決算書を作成することが会社の経理の大きな役割の一つです。

「財務諸表」ってどんなもの？

一般的に決算書といわれるものは、ちょっと専門的にいうと「財務諸表」ともいい、次のような書類で構成されています

- 貸借対照表（会社の持っている財産の内容をあらわす表）
- 損益計算書（会社の一定期間の収益と費用をあらわし、その差額で利益を計算する表）
- キャッシュ・フロー計算書（会社の一定期間のお金の流れをあらわす表）

財務諸表の役割とは？

では、財務諸表はどんな役割をもっているのでしょうか。それを考えるうえで避けて通れないのが、会社を取り巻くさまざまな人たちです。

会社には、次のようにいろいろな人が関わっています。

①**株　主**…会社に出資している人。配当をもらう権利や株式を売却する権利をもっています。
②**債権者**…会社にお金を貸している人。貸したお金を返してもらう権利と利息をもらう権利をもっています。
③**税務署**…会社が利益を出した場合、そこから税金を徴収する権利をもっています。
④**経営者**…株主から会社の経営を任されている人。報酬をもらう権利をもち、会社を運営する義務を負っています。
⑤**従業員**…会社と契約することにより、会社のために労働する義務を負い、賃金をもらう権利をもっています。

　財務諸表は、これらの会社に関わる人たち（＝**利害関係者**）にさまざまな情報を提供しており、それぞれの利害関係者はその会社を正しく評価するために、財務諸表をひとつの手掛かりとしています。
　ですから、財務諸表は決められた一定のルールに従って、正しく作成する必要があります。

◎**財務諸表は利害関係者が判断する際の重要資料**◎

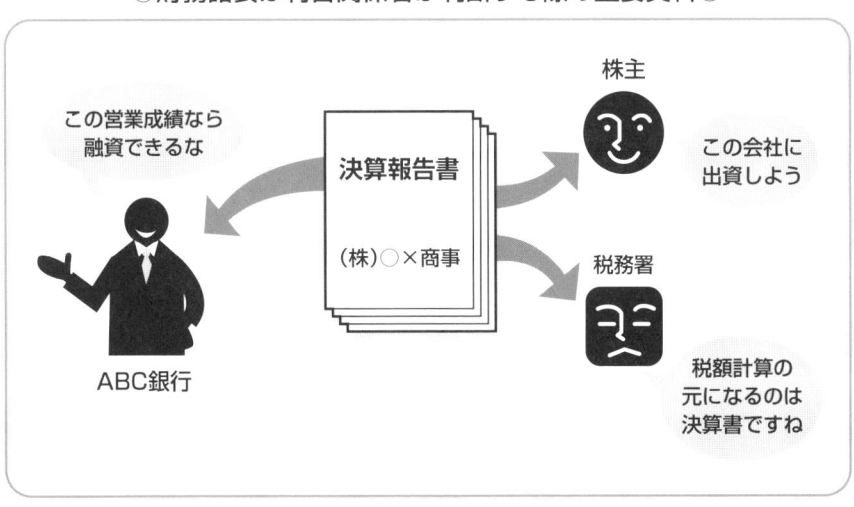

2 B／Sのしくみ
貸借対照表とはどういうものか？

　利害関係者にとって一番興味があることは、その会社の「財政状態」と「利益」であるといえます。そして、それらをあらわす財務諸表が貸借対照表と損益計算書ですが、ここでは、まず一般的な貸借対照表について、小規模企業を例にしてみていきましょう。

貸借対照表は「バランスシート」である

　会社が事業を行なうためには、経営者や従業員などの「人」が必要なのはもちろんですが、それ以外にも、たとえば小売店なら商品を売るための店舗、製造業であれば工場や機械、それらを購入するための現金など、さまざまな「**資産**」が必要になります。

　これらの資産を獲得するためには、資金を調達しなければなりませんが、設立後の当面の資金は、「**資本金**」でまかなわれることが多いでしょう。また、営業をすることによって得たお金や資本金だけではお金が足りない場合には、金融機関から融資を受けて（借金をして）資金を調達することもあります。受けた融資は返済しなければならないので、会社は「**負債**」を負うことになります。

　このように、**ある一定時点（＝決算日）において会社がもつ資産、そして資産の調達の元となる負債、資本金などの状況をあらわす書類が貸借対照表**です。

　なお、貸借対照表は英語で「バランスシート」（Balance Sheet）といい、略して「B／S」と表記されたりします。

知っトク！　決算日とは

　会社は、会社が行なう事業活動の成績を見るため、事業活動をある一定の時点で区切り、決算に関する書類を作成します。その区切りの時点を「決算日」といいます。

◎一般的な商品販売業者の貸借対照表のモデル◎

貸借対照表

株式会社　アニモ企画　　令和X2年3月31日

(単位：円)

資産の部			負債の部		
I　流動資産	(	13,713,606)	I　流動負債	(	12,888,839)
現金・預金		6,579,140	支払手形		0
受取手形		0	買掛金		1,000,000
売掛金		3,541,576	短期借入金		9,231,224
棚卸資産		3,590,220	1年以内返済長期借入金		2,434,575
前払費用		2,670	未払金		183,300
			預り金		39,740
			前受収益		0
II　固定資産	(	30,759,873)	II　固定負債	(	13,920,690)
有形固定資産	(	27,957,784)	長期借入金		9,822,990
建物		8,640,889	長期未払金		4,097,700
車両運搬具		3,313,412			
工具・器具・備品		1,391,799	負債の部合計		26,809,529
土地		14,611,684	純資産の部		
無形固定資産	(	2,016,747)	I　株主資本	(	17,663,950)
借地権		0	1．資本金		10,000,000
ソフトウエア		2,016,747			
			2．資本準備金	(	0)
投資その他の資産	(	785,342)	(1)資本準備金		0
出資金		40,000			
敷金		0	3．利益剰余金	(	7,663,950)
長期前払費用		745,342	(1)利益剰余金		1,000,000
			(2)その他利益剰余金	(	6,663,950)
III　繰延資産	(	0)	別途積立金		0
創業費		0	繰越利益剰余金		6,663,950
開発費		0			
			II　評価・換算差額等	(	0)
			III　新株予約権	(	0)
			純資産の部合計		17,663,950
資産の部合計		44,473,479	負債・純資産の部合計		44,473,479

調達された資金が
どのような財産になっているか ← 資金の調達元

1章　まず決算書と会計のことを知っておこう

3 P/Lのしくみ

損益計算書とはどういうものか？

損益計算書で会社の「利益」がわかる

　投資家は、投資している会社の経営がうまくいき利益が出た場合には、その利益に応じた配当を受けることができます。また法人税は、会社の利益をもとにして導き出される「課税所得」に対して課税されます。

　このように会社が生み出す利益は、会社の利害関係者にとって、とても重要な意味をもつものですが、その利益（あるいは損失）を算出する財務諸表が「損益計算書」です。

　会計の考え方が生まれたのは大航海時代のヨーロッパであるといわれていますが、この時代の会計の役割は、一度の航海で得た収入から航海をするうえでかかった費用を差し引いた利益を、その航海のための資金を拠出した人に対して明らかにし、利益の分配をするためのものでした。

　現在でもその考え方は生きていて、**会社の事業活動をある一定の期間で区切って、その期間内に獲得した利益を損益計算書で算出する**方式がとられています。

　この一定期間を「**事業年度**」といい、通常、4月1日から翌年の3月31日などの1年間を会社の事業年度としているケースが多いです。

　なお、法人（会社のことをいいます）の事業年度の開始日はその法人が自由に決められますが、個人がその所得を計算する場合の事業年度は1月1日からその年の12月31日までと決められています。

　損益計算書は、英語で「プロフィット・アンド・ロス・ステートメント」（Profit and Loss Statement）といい、「P／L」と略して呼ばれます。

　製造業（＝製品を製造して販売する業種）ではない事業を営む法人の損益計算書のモデル例をあげておくと、次ページのとおりです。

　一方、製造業を営む法人の損益計算書では、その法人が製作した製品の原価を報告する書類である「**製造原価報告書**」（☞136ページ）という書類を添付することになっています。

◎非製造業の損益計算書のモデル◎

損 益 計 算 書

株式会社　アニモ企画　　　　　　　令和X1年 4月 1日から
　　　　　　　　　　　　　　　　　令和X2年 3月31日まで
　　　　　　　　　　　　　　　　　　　　　（単位：円）

Ⅰ	売　上　高	32,014,701	
	売上値引・戻り高	0	32,014,701
Ⅱ	売 上 原 価		
	期首棚卸高	3,735,606	
	商品仕入高　　　　11,956,929		
	仕入値引・戻し高　　　　　0	11,956,929	
	合　　　計	15,692,535	
	期末棚卸高	3,590,220	12,102,315
	売上総利益		19,912,386
Ⅲ	販売費及び一般管理費		
	販売費・一般管理費	10,544,942	10,544,942
	営 業 利 益		9,367,444
Ⅳ	営業外収益		
	受取利息割引料	546	
	雑　収　入	535,577	536,123
Ⅴ	営業外費用		
	支払利息	387,165	
	雑　損　失	296,484	683,649
	経 常 利 益		9,219,918
Ⅵ	特 別 利 益		
	固定資産売却益	0	0
Ⅶ	特 別 損 失		
	固定資産売却損	0	0
	税引前当期純利益		9,219,918
	法人税、住民税及び事業税	3,615,600	3,615,600
	当 期 純 利 益		5,604,318

いつから
いつまでの
計算か

収益
－
費用
＝
利益

※販売費及び一般管理費の内訳書は省略しています。

1章　まず決算書と会計のことを知っておこう

4 B/S、P/Lの項目
貸借対照表、損益計算書の区分と名称

　貸借対照表と損益計算書は、その内容がわかりやすくなるようにいくつかに区分して項目を設けています。ここでは、それらの区分の名称とその内容を簡単に説明しておきましょう。

貸借対照表の大区分

- 資産の部…会社の所有する資産をあらわす大区分です。
- 負債の部…会社が返済義務を負う債務をあらわす大区分です。
- 純資産の部…株主（出資者）から受け入れた資本金やそれまでに生み出した利益の剰余金などの合計額をあらわす大区分です。損益計算書で計算された当期純利益は、この「純資産の部」に含まれます。

損益計算書の区分

- 売上高…その会社の売上高をあらわします。
- 売上原価…売上高に対応する原価（＝費用）をあらわします。
- 売上総利益…売上高から売上原価を差し引いた金額で、粗利益とも呼ばれます。
- 販売費及び一般管理費…会社が売上をあげるために間接的に支出する費用である販売費と、会社を運営していくうえで必要となる費用である一般管理費をあらわします。
- 営業利益…売上総利益から販売費及び一般管理費を差し引いた利益、つまり営業の過程で生み出された利益をあらわします。
- 営業外収益、営業外費用…会社の本業ではない部分で発生する収益や費用で、その期に特別なものではないものをあらわします。
- 経常利益…営業利益に営業外収益を加算し、営業外費用を差し引いた金額をいいます。
- 特別利益、特別損失…通常の営業では生じないが、その期に突発的に生じた利益や損失をあらわします。

●**税引前当期純利益**…経常利益に特別利益を加算し、特別損失を差し引いた利益をあらわします。

貸借対照表と損益計算書はつながっている

貸借対照表と損益計算書に記載される項目は、なじみの薄い人にとってはとても複雑にみえるかもしれません。そこで、2つの書類を要約してあらわすと次のようになります（借方、貸方は次項を参照）。

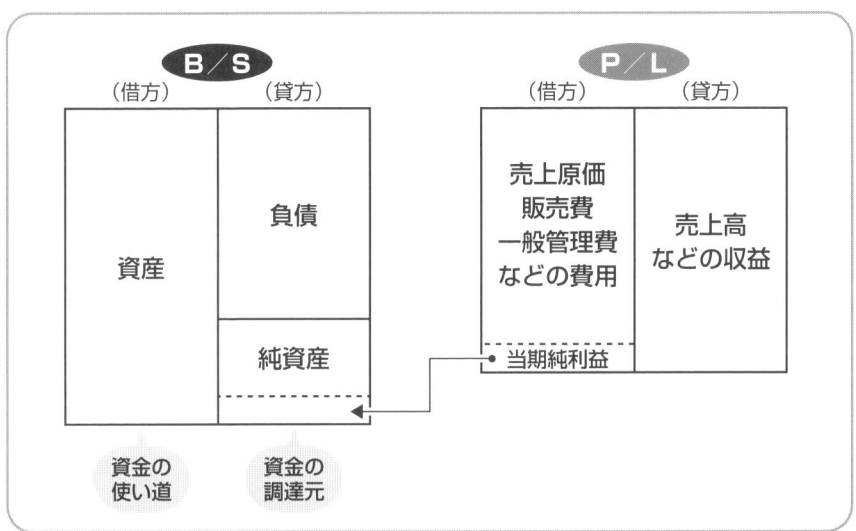

このように、貸借対照表では資金の調達元をあらわす「負債」「純資産」という項目、そして調達された資金がどのように利用されているかをあらわす「資産」という項目が開示されます。

また、損益計算書では一定期間の「収益」と「費用」の差額により利益（損失）を算出し、その当期純利益が貸借対照表の「純資産」の部に組み入れられることによって両者はつながっているといえます。

なお、この貸借対照表と損益計算書は「複式簿記」による「仕訳」（☞21ページ）という手続きを行なうことにより、同時につくり上げられます。

5 簿記の基礎知識
「複式簿記」「借方」「貸方」って何でしょう？

会社の取引の5つの要素

　会社が行なう取引は、すべて「資産」「負債」「純資産」「収益」「費用」の5つの項目に分類することができます。

◎会社の取引はすべて5つの要素に区分できる◎

【区分】　　【勘定科目】

「資　産」＝ ●現金
　　　　　　●預金
　　　　　　●棚卸資産
　　　　　　●固定資産など

「負　債」＝ ●買掛金
　　　　　　●借入金
　　　　　　●預り金など

「純資産」＝ ●資本金など

　　　　　　　　　　　　　　→「貸借対照表」へ

「収　益」＝ ●売上高
　　　　　　●受取利息
　　　　　　●雑収入など

「費　用」＝ ●商品仕入高
　　　　　　●給与
　　　　　　●消耗品費など

　　　　　　　　　　　　　　→「損益計算書」へ

「複式簿記」の手法によって「仕訳」する

　会社の行なった取引を前ページの項目に分類することを「仕訳」といいます。そして、仕訳をする際に、世界的に共通して用いられているのが「複式簿記」という方法です。

　複式簿記で仕訳を行なうときは、1つの取引について必ず2つの記入が必要になります。ちなみに、「お小遣い帳」は1つの取引で1つの記入しかしないので「単式簿記」といいます。

　また、「勘定科目」とは、「現金」「普通預金」「売上高」「商品仕入高」など、項目ごとに分類するときに使われる名前のことをいいます。

「借方」「貸方」とは何だろう？

　複式簿記により仕訳をする際は必ず左と右に分けて記入することになりますが、その際の左側を「借方」といい、右側を「貸方」といいます。

　そして、取引の5つの要素は、それぞれの要素が増加する場合には、借方、貸方のどちらに記載されるかが決まっています。

```
●資産が増加する場合   →  借方（左側）
●負債が増加する場合   →  貸方（右側）
●純資産が増加する場合  →  貸方
●収益が増加する場合   →  貸方
●費用が増加する場合   →  借方
```

　また、5つの要素が減少する場合には、それぞれ上記と逆の側に記載します。

```
●資産が減少する場合   →  貸方（右側）
●負債が減少する場合   →  借方（左側）
●純資産が減少する場合  →  借方
●収益が減少する場合   →  借方
●費用が減少する場合   →  貸方
```

6 仕訳の具体例
取引を仕訳してみよう

資本取引の仕訳

「現金10万円を出資して（＝資本金）会社を設立した」
この取引には2つの要素が含まれています。
①10万円の資本金が増加した（資本金＝純資産項目）
②10万円の現金が増加した（現金＝資産項目）
　この取引を仕訳すると以下のようになります。
　　（借方）　現　金　　10万円　／　（貸方）　資本金　　10万円
そして、この仕訳を財務諸表に集計するとこうなります。

売買取引の仕訳（仕入）

「3万円の商品を掛取引（代金を後日支払う取引）で仕入れた」
この取引にも2つの要素が含まれています。
①3万円の商品を仕入れた（商品仕入高＝費用項目）
②3万円の買掛金が増えた（買掛金＝負債項目）
　この取引を複式簿記で仕訳するとこうなります。
　　（借方）　商品仕入高　3万円　／　（貸方）　買掛金　　3万円

売買取引の仕訳（売上）

「10万円の商品を現金で売り上げた」
この取引には次の2つの要素が含まれています。

①10万円の売上があがった（売上高＝収益項目）
②10万円の現金が増えた（現金＝資産項目）
　この取引を複式簿記で仕訳すると以下のようになります。
　　（借方）　現　金　　10万円　／　（貸方）　売上高　　10万円

　いままでみた２つの売買取引には共通点があります。それは、それぞれの取引の２要素がB／S項目とP／L項目であるということです。

B／S間取引の仕訳

「買掛金２万円を現金で支払った」
　この取引の２つの要素は以下のとおりです。
①２万円の買掛金が減った（買掛金＝負債項目）
②２万円の現金が減った（現金＝資産項目）
　仕訳はこうなります。
　　（借方）　買掛金　　２万円　／　（貸方）　現　金　　２万円
　この取引の２つの要素は両方ともB／S項目ですね。

　いままでみてきた４つの取引を財務諸表に集計すると以下のようになります。

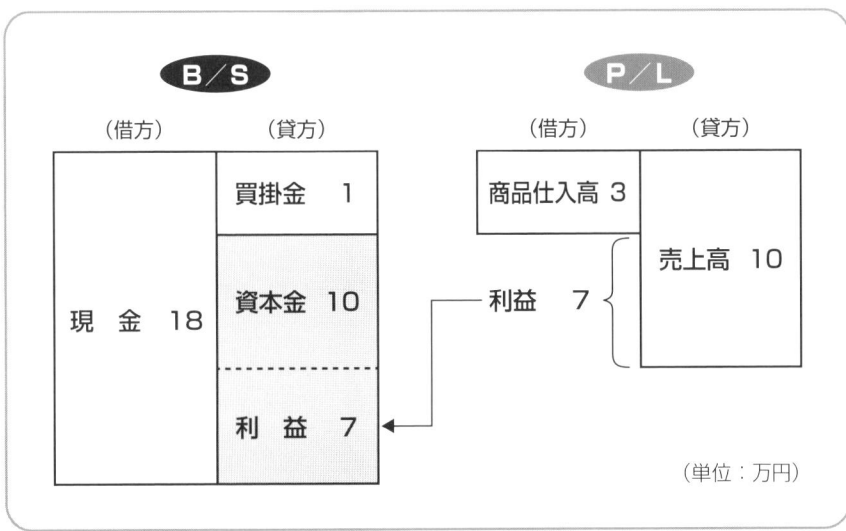

7 勘定科目の名前と内容①
貸借対照表の勘定科目を知っておこう

　一般的に用いられることの多い勘定科目名とその内容をまとめておきましょう。まずは、貸借対照表の勘定科目からです。

大区分	中区分	小区分	勘定科目名	内容
資産	流動資産		現金	通貨、他人振出の小切手、期限の到来した公社債利札など
			当座預金	金融機関との当座預金契約にもとづく預金口座
			普通預金	金融機関との普通預金契約にもとづく預金口座
			定期預金	金融機関との定期預金契約にもとづく預金口座
			納税準備預金	納税するために預け入れ、納税時に引き出す預金口座
			受取手形	通常の営業取引にもとづいて発生した手形債権
			売掛金	通常の営業取引にもとづいて発生した売上債権
			有価証券	売買目的有価証券および1年以内に満期の到来する有価証券
			商品	商業を営む会社が販売するために所有し、まだ販売されずに残っているもの
			製品	工業、鉱業、その他商業以外の事業を営む会社が販売するために所有する製造品、その他生産品
			原材料	製品の製造過程で直接消費され、製品そのものを形成する主要材料で、まだ製造過程に投入されずに残っているもの
			前渡金	商品や原材料などを購入するために、購入前に仕入先に対して支払った金額
			前払費用	決算期後1年以内に費用となることが明らかな前払いの費用
			立替金	役員、従業員、子会社、取引先などに対して一時的に生じる金銭の立替え
			仮払金	役員、従業員、子会社、取引先などに対して現金などを支出したが、一時的にその支出目的や金額が確定していない場合、その確定していない金額を処理する勘定

	固定資産	有形固定資産	建物 建物附属設備 構築物 機械装置 船舶 車両運搬具 工具・器具備品 土地 建設仮勘定 生物	この本のテーマの中心となる資産です。 4章で詳しく説明します。
		無形固定資産	営業権 特許権 ソフトウエア 電話加入権	
		投資その他の資産	出資金	有限会社や各種組合などに対する持分
			投資有価証券	償還期限が1年を超える社債、市場価格のある株式、社債で価格の変動により利益を得る目的以外の目的で保有するもの
	繰延資産			☞102ページを参照
負債	流動負債		支払手形	通常の営業取引にもとづいて発生した手形債務
			買掛金	通常の営業取引にもとづいて発生した営業上の未払金
			短期借入金	決算期後1年以内に返済期限の到来する借入金
			預り金	取引先等との通常の取引に関連して発生する預り金
	固定負債		長期借入金	返済期限が1年を超えて到来する借入金
純資産			資本金	企業活動における元金
			資本準備金	株式払込剰余金など
			利益準備金	配当をする際にその配当の10分の1を、資本準備金と合わせて資本金の4分の1に達するまで、積み立てる勘定
			圧縮積立金	☞175ページを参照
			特別償却準備金	☞170ページを参照
			繰越利益剰余金	当期純利益(純損失)と期首繰越利益剰余金などを加減算した金額

※TKC財務三表システム一覧式総勘定元帳の科目配置基準より抜粋

8 勘定科目の名前と内容②
損益計算書の勘定科目を知っておこう

損益計算書に、一般的に用いられることの多い勘定科目名とその内容は以下のとおりです。

区　分		勘定科目	内　容
営業収益		売上高	商品や製品の売上高、または役務の提供による収入
売上原価		期首棚卸高	貸借対照表上の商品、製品などの前期末残高
		商品仕入高	商品や製品の仕入高。商品の仕入運賃、運送保険料、関税などの直接付随費用を含める
		期末棚卸高	期末に売れ残った商品、製品などの当期末残高
製造原価	材料費	期首材料棚卸高	貸借対照表上の原材料の前期末残高
		材料仕入高	材料の購入代価。引取費用や材料副費を含める
		期末材料棚卸高	期末現在未消費の原材料残高
	労務費	賃金	直接製造部門の人件費。臨時雇用賃金などを除く
		雑給	臨時雇用賃金など
		厚生費	従業員の福利厚生のために支出される費用で製造部門のもの
	製造経費	外注加工費	外部の業者に材料を供給して加工させ、半製品や部分品を引き取る場合に支払われる費用
		電力費	製造部門の電力費
		減価償却費	本書のテーマです。3章で詳しく説明します
		賃借料	製造部門に関する不動産の賃貸料や機械などのリース料で賃借処理するもの（☞176ページ）
		消耗品費	工場消耗品や消耗器具工具など
販売費及び一般管理費		販売員給与	販売員に支給される給与
		役員給与	取締役や監査役に支給される報酬

		厚生費	従業員の福利厚生のために支出される費用で販売・管理部門のもの
		減価償却費	**本書のテーマです。3章で詳しく説明します**
		地代家賃	販売・管理部門に関する不動産の賃借料
		接待交際費	利害関係者に対して行なう接待、交際に関する費用
		備品消耗品費	**販売・管理部門の購入物品のうち、1単位の取得価額が10万円未満のものなどが該当（☞46ページ）**
営業外収益		受取利息	預金利息、貸金利息など
		受取配当金	株式、出資金に対する受取配当金
		雑収入	作業屑の処分収入など
営業外費用		支払利息	借入金利息、支払保証料など
		手形売却損	受取手形を割り引く際に支払う割引料相当額
		雑損失	営業に関連しないその他の支出、損失で重要性の乏しいもの
特別利益		**固定資産売却益**	☞124ページを参照
特別損失		**固定資産売却損**	☞124ページを参照
法人税、住民税及び事業税			当期の所得に課せられるべき法人税、住民税、事業税、地方法人特別税
当期純利益（または純損失）			法人税等を控除した最終の利益または損失

※ＴＫＣ財務三表システム一覧式総勘定元帳の科目配置基準より抜粋

9 帳簿組織のしくみ

財務諸表にまとめるまでの記帳の流れは？

　会社の取引は、仕訳を通じて財務諸表に集計されますが、一般的には、まず**帳簿**や**伝票**に取引を記載して、すべての取引を**仕訳帳**に仕訳し、それぞれの**勘定科目ごとの元帳**に転記するという流れをとります。

　そして、1会計期間ごとのそれぞれの勘定科目の元帳残高を財務諸表に集計するというのが、一連の経理処理の流れになります。法人の帳簿の体系（＝帳簿組織）は下図のようなケースが多くみられます。

◎法人の帳簿組織◎

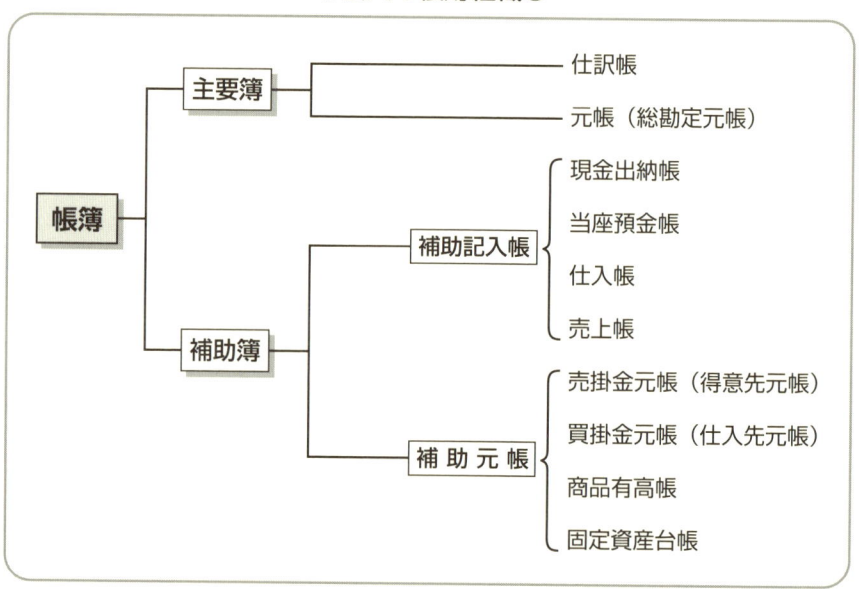

おもな帳簿・伝票等に記載される内容

- **現金出納帳**…現金が増減する取引を記載する帳簿。実際にある現金の残高と常に照合することができるので、帳簿組織全体の基本となる帳簿です。
- **預金出納帳**…当座預金や普通預金など、預金が増減する取引を記載する帳簿です。

- ●振替伝票……現金出納帳や預金出納帳の増減項目を含まない取引を記載する伝票です。
- ●試算表………総勘定元帳の各勘定科目を一覧表にしたものです。

帳簿・伝票の記入から試算表ができるまで

　たとえば、現金残高が10万円あるケースで、「10月1日に、A商店にて3万円の書棚（消耗品）を購入し、現金で支払った」という取引があった場合には、現金出納帳に記入します。

　また、たとえば「10月15日に、普通預金の口座（残高5万円）から電話代（通信費）1万円が引き落とされた」という取引があった場合には、預金出納帳に記入します。

　さらに、たとえば「11月2日に、B商店より10万円の商品を掛けで仕入れた」という取引があった場合は、取引の2要素に現金や普通預金が含まれないため、振替伝票に記入します。

　以上の3つの取引から転記された元帳を集計して、貸借対照表と損益計算書を作成すると以下のようになります。

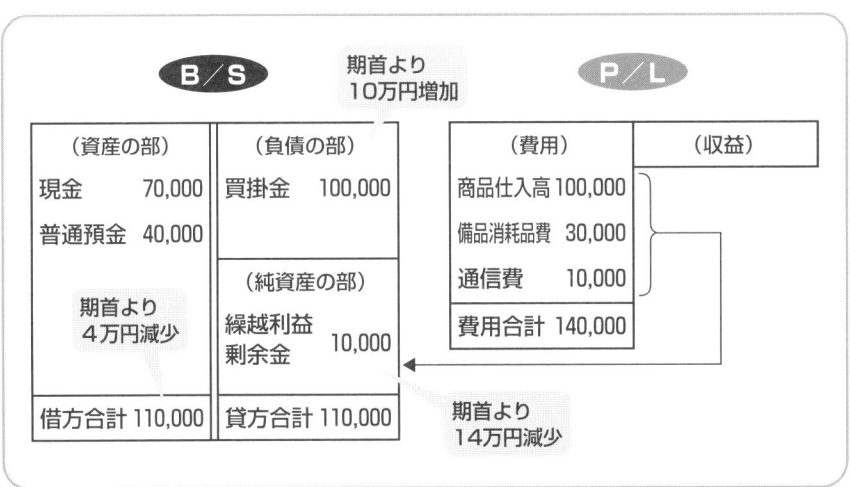

　なお、最近は大部分の会社がパソコンで会計帳簿を作成しています。会計処理をするためのパソコンソフトは、現金出納帳などの帳簿取引と振替伝票取引を入力すると、自動的にそれぞれの勘定科目の元帳に転記され、試算表が作成できるようになっています。

10 会社の利益と課税所得
財務会計と税務会計には違いがある

「財務会計」とは何か

　貸借対照表や損益計算書を中心とした財務諸表を作成するうえでは、会社法などの法律や一定の会計慣行を守って取引を仕訳し、財務諸表に表示しなければなりません。このような会計処理のやり方を「**財務会計**」といいます。

　財務諸表は、その会社の関係者（投資家や資金を融資している金融機関、会社の経営者など）が会社を評価するために用います。ですから財務会計は、他の会社との比較や、その会社の過去の財務諸表との比較・分析がしやすいように、一定の制約を課されていますが、多種多様な業種が存在するなか、会社ごとの独自性もまたある程度認められているのです。

「税務会計」とは何か

　会社が納付する税金のうち最も重要なのは「**法人税**」です。この法人税は、会社の利益に対して一定の税率を掛けて求めるので、そのもととなる利益が、税金を計算するうえで相当な利益であるかどうかが大きな問題となります。

　というのも、同じ内容の取引でも財務会計で認められる範囲内であれば、その処理は会社の判断にまかせられているものが多くあります。そうなると、同じ取引でもそれを処理する会社によって、結果的に利益が違ってくることになり、それをもとに計算する税金もバラバラになってしまう恐れがあります。

　そのままでは、課税の公平が保たれないので、法人税を計算する際には財務諸表上の利益について、法人税法に則った調整（＝**申告調整**）を加え、課税のもととなる利益（＝**課税所得**）を算出します。これを「**税務会計**」といいます。

　なお、財務会計により作成された決算書の利益は、法人税の確定申告

◎財務会計と税務会計の役割と違い◎

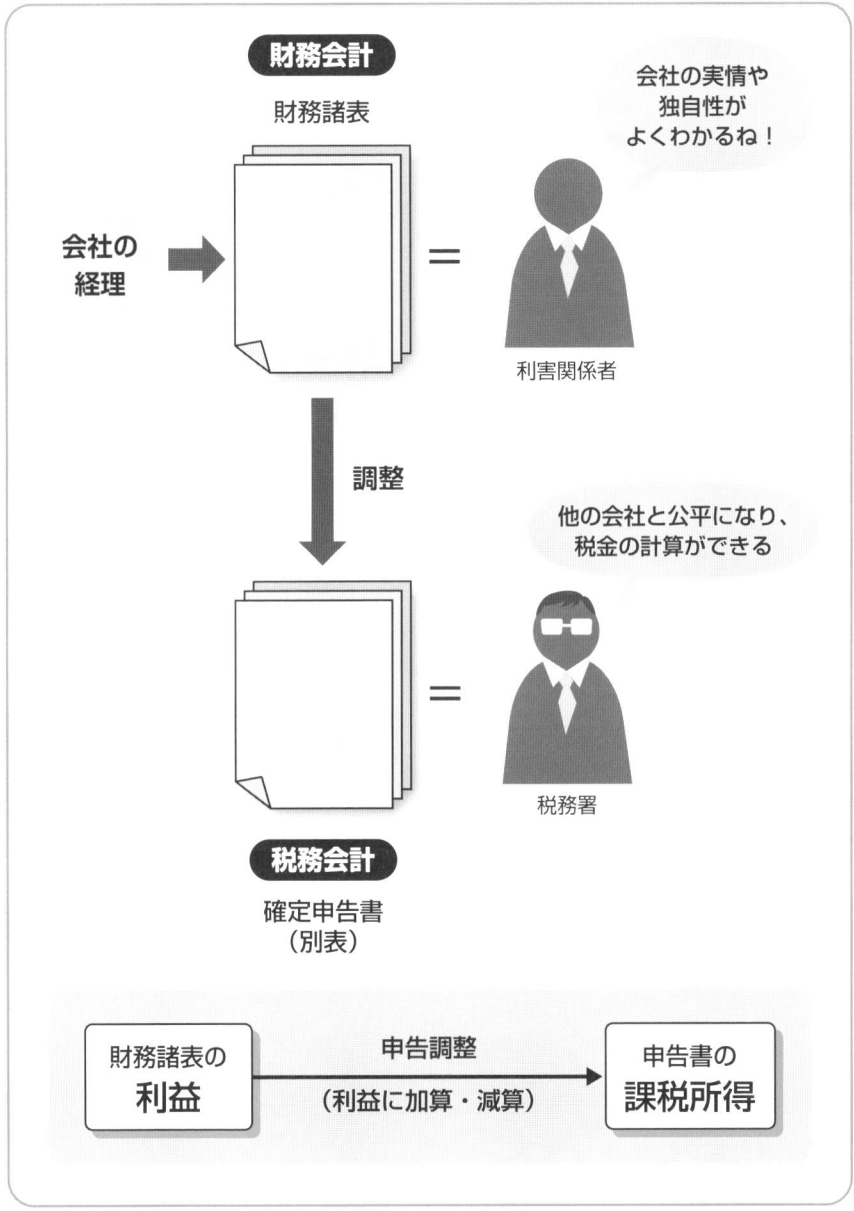

書である「**別表**」と呼ばれる計算書で申告調整を行なうことにより課税所得が求められ、法人税が計算されます（☞142ページ）。

COLUMN

決算調整と申告調整の違いは？

　会社（＝法人）は、事業年度が終了すると、その終了した事業年度の決算書類の作成に入ります。

　その際、1年の決算を締めくくるために、決算日現在において入金されていない収益項目や、支払っていない費用項目を計上したり、期末の棚卸資産を計上したりといった経理処理を行ないます。また、その事業年度中に行なわれた経理処理に間違いがあった場合も、その修正の経理処理を行ないます。

　これらの処理は、期中の処理と区別して「**決算整理**」または「**決算調整**」などと呼ばれます。この決算調整を行なう第一の理由は、適正な期間損益計算の実現といえるでしょう。

　そして、出来上がった決算書類（＝確定した決算）で算出された当期純利益をもとにして計算をする課税所得の算出のために行なわれる調整が、本文で説明した「**申告調整**」（または「**税務調整**」）です。

　減価償却費の計上は決算調整の代表です（実務上は毎月の概算利益を算出するために概算の減価償却費を毎月計上することが多いのですが）。

　また、減価償却費は確定した決算書に減価償却費として費用計上されていることが、税務上も費用とするための前提条件になっています。決算の際に計上を忘れてしまうと、その期の費用としては取り扱えなくなるので注意が必要です。

　参考までに、決算調整と申告調整の代表的なものをあげておくと、次のとおりです。

【決算調整】
「減価償却費の計上」「期末の棚卸資産（商品や原材料、仕掛品など）の計上」「期末の貸倒引当金の計上」など

【申告調整】
「交際費や寄付金の調整」「減価償却費の調整」「税金計算上、費用にならないものの調整」「税金計算上、収益にならないものの調整」など

2章

減価償却の基本的なルールを
マスターしよう

いよいよ本題の「減価償却」に入ります。減価償却費が他の費用と大きく違う点は「費用を計上するときに支出を伴わない」ことです。つまり、お金の流れと費用の把握のタイミングがずれることになり、この"ズレ"が減価償却をむずかしいものにしています。ここでは、減価償却のしくみと基本的なルールについて理解してもらいます。

11 支出と費用の関係
「減価償却」ってそもそもどういうこと？

　企業（＝会社）の会計には「**費用・収益対応の原則**」という大前提があります。これは、ある期間の収益と、その収益を獲得するための費用とを対応させて計上することにより、**適正な期間損益の計算を実現**しようとするものです。

八百屋さんが購入する「野菜」と「自動車」の違い

　たとえば、ある八百屋さんが1,000円の現金で野菜を仕入れました。そして、その野菜を1,200円で売却しました。この場合、費用・収益対応の原則により売上を得るための仕入は当然に費用となります。

　それでは、その八百屋さんが、野菜の宅配をするために100万円の現金で自動車を購入した場合はどうでしょうか。

　八百屋さんは、宅配をするために自動車を買いました。なぜ宅配をするかというと、宅配というサービスを提供することにより売上が伸びると考えたからです。その意味では、自動車の購入費用は売上に対応する費用といえます。

　しかし、自動車を購入したときにその全額を費用として計上してもよいのでしょうか？

　自動車は、なにも1年間で使えなくなるわけではありません。八百屋さんが自動車を5年間使った場合、その自動車を使って売上に貢献した効果は5年間にわたって発生したことになります。

減価償却の考え方

　じつは、自動車のような資産を購入したときは、購入した年度に支払った全額を費用として落とすことはできません。自動車を購入したときは、その購入金額を「**車両運搬具**」という**資産に計上**して、その使用した期間で「**減価償却費**」という**費用に振り替えていく**ことにより、収益と対応させていく──これが「減価償却」の考え方です。

◎仕入と固定資産購入の違い◎

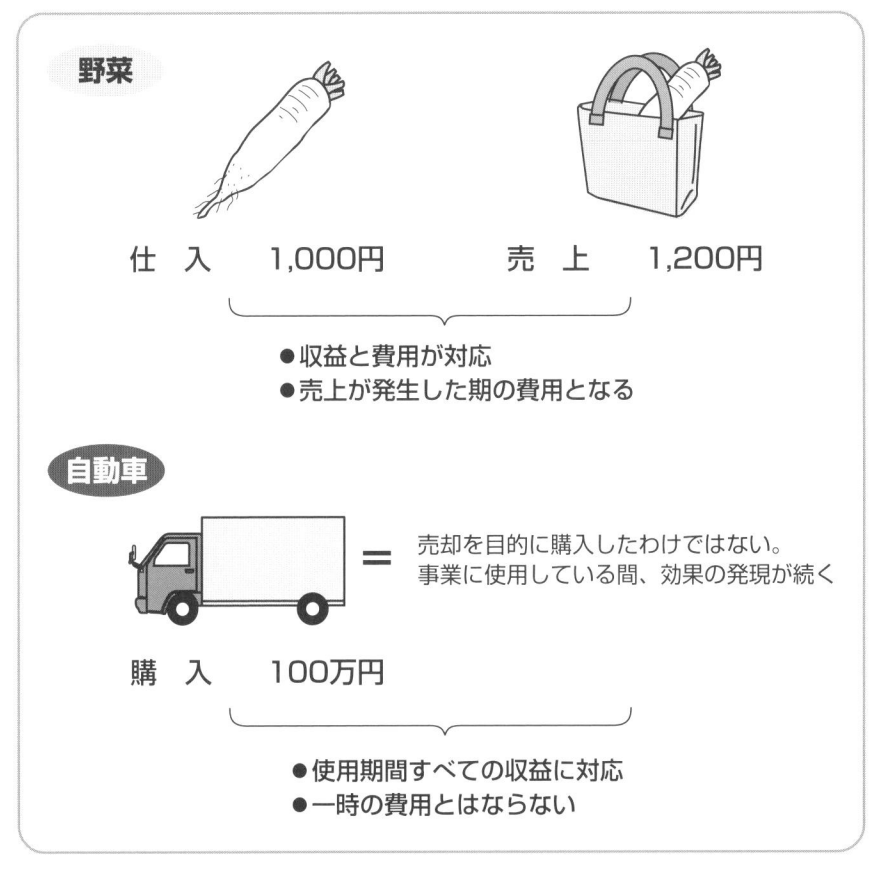

野菜

仕　入　1,000円　　　売　上　1,200円

- 収益と費用が対応
- 売上が発生した期の費用となる

自動車

＝ 売却を目的に購入したわけではない。
事業に使用している間、効果の発現が続く

購　入　100万円

- 使用期間すべての収益に対応
- 一時の費用とはならない

減価償却資産とは何か？

　減価償却をする資産は、棚卸資産、有価証券および繰延資産以外の資産で、その使用の効果を長期間にわたって発現しながら、時の経過や使用により徐々にその機能や価値が減少していく資産です。これを「**減価償却資産**」といいます。

　例にあげた自動車以外にも、建物や機械、器具や備品など、効果が数年にわたって発現する形のある資産を「**有形減価償却資産**」、一定の形を有しませんがやはり効果の発現が数年にわたるソフトウエアなどの資産を「**無形減価償却資産**」と呼びます。そして、これらの資産が減価償却の対象になります（☞40ページの図）。

12 減価償却の経理処理
仕訳と財務諸表の表示はどうなるか

　減価償却について、実際の仕訳と財務諸表の表示がどのようになるのか、前項の八百屋さんの例でみてみましょう。

購入初年度の仕訳と財務諸表の表示

　自動車を購入したときと、決算時の経理処理は次のように行ないます。
①100万円の現金で自動車を購入した。

【仕訳】
　（借方）車両運搬具　100万円　／　（貸方）現　　金　100万円

---

②決算をむかえたので、耐用年数1年目の減価償却費を計上した。

【仕訳】
　（借方）減価償却費　20万円　／　（貸方）車両運搬具　20万円

　この状態で購入初年度の財務諸表を作成すると、下図のようになります。

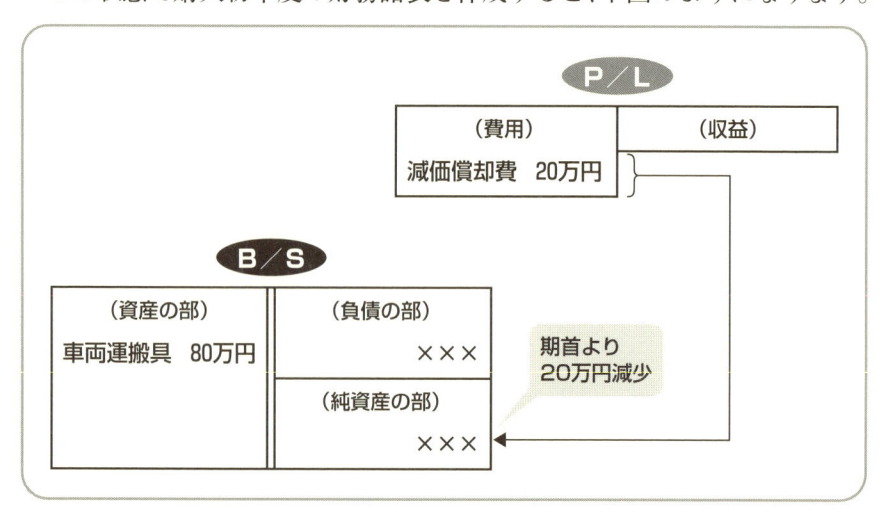

```
                              P/L
                    ┌─────────────┬─────────┐
                    │　（費用）　　│（収益） │
                    │減価償却費 20万円│         │
                    └─────────────┴─────────┘
        B/S
┌─────────────┬─────────────┐
│（資産の部） │（負債の部） │   期首より
│車両運搬具 80万円│ ×××      │   20万円減少
│             ├─────────────┤
│             │（純資産の部）│
│             │ ×××       │
└─────────────┴─────────────┘
```

購入後2年目の仕訳と財務諸表の表示

購入した翌年度の決算時の経理処理は次のように行ないます。
- 決算をむかえたので、耐用年数2年目の減価償却費を計上した。

【仕訳】
　（借方）減価償却費　20万円　／　（貸方）車両運搬具　20万円

この状態で翌年度の財務諸表を作成すると、下図のようになります。

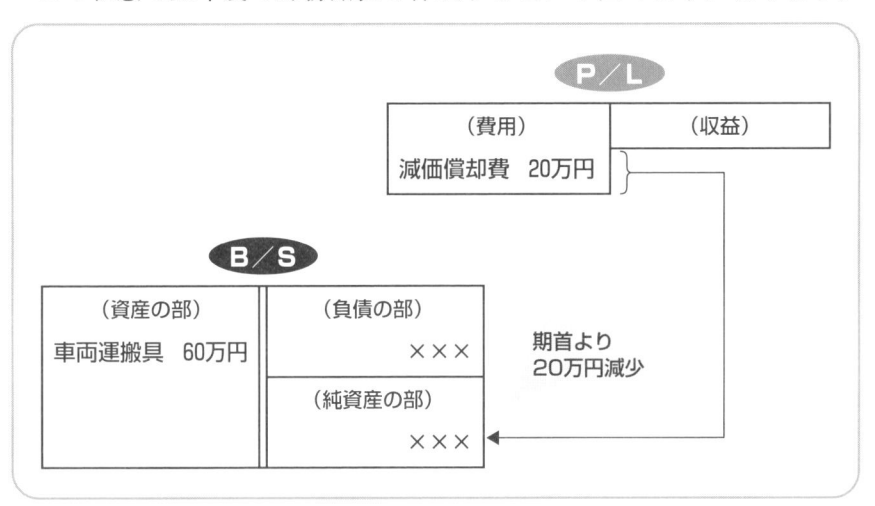

P/L
（費用）	（収益）
減価償却費　20万円	

B/S
（資産の部）	（負債の部）
車両運搬具　60万円	×××
	（純資産の部）
	×××

期首より20万円減少

なお、以上の仕訳の方法は「**直接控除法**」と呼ばれるもので、ほかに「**間接控除法**」と呼ばれる仕訳の方法も認められていますが、これらについては、後で詳しく説明します（☞132ページ）。

また、実際の減価償却の処理では、もう少し複雑な計算が必要となりますが、計算方法については3章で詳しく解説します。

知っトク！　自動車は減価償却資産？　棚卸資産？

八百屋さんが宅配のために所有する自動車は減価償却資産ですが、自動車を販売するディーラーが所有する販売用の自動車は棚卸資産の商品に該当し、もちろん減価償却の対象にはなりません。不動産屋さんにおける販売用の建物や、機械の製造メーカーが製作した販売用の機械なども同様です。

13 会計上・税務上の役割
減価償却のメリットとデメリット

適正な期間損益計算が可能になる!?

　減価償却は、固定資産をその利用期間にわたり分割して費用化していくというしくみなので、当初に見積もった使用期間が正確であれば、まさに適正な期間損益の計算に貢献します。

　しかし、その固定資産を何年間利用することができるかを購入当初に予測することは非常に困難です。

　また同じ種類、同じ性質の固定資産であっても、経営者の意図や判断によって、その見積もった使用期間が違ってくることも起こりえます。そうなっては、たとえ適正な期間損益の計算ができたとしても、会社によって資産の使用期間がバラバラになり、課税の公平性を重要視する税金計算では少なからず問題があるといえます。

　そこで、法人税法では資産の種類ごとに「耐用年数」（＝見積使用可能年数）を定め、ある程度均一な減価償却の計算を行なうことを会社に義務づけています。

減価償却には自己金融効果（貯蓄機能）がある

　ある会社が貯蓄していたお金で100万円の固定資産を購入したとします。この時点ではお金が100万円減少し、そのかわりに固定資産が100万円増加します。

　この固定資産の耐用年数が5年であるとした場合、単純に考えると費用になるのは1年について20万円ずつですから、それぞれの年度の利益を20万円ずつ減少させます。でも、**減価償却費は「支出を伴わない費用」**なので、会社に残るお金は利益の金額より20万円ずつ多くなります。

　この固定資産に関する部分のお金の流れだけに着目した場合、1年目こそ購入費用100万円の支出が伴うので「△80万円」ですが、2年目以降は20万円ずつお金が社内に残っていく形になり、結果的に5年目には100万円の固定資産を買い替える資金が会社内部に貯蓄できたことにな

◎減価償却とお金の流れのしくみ◎

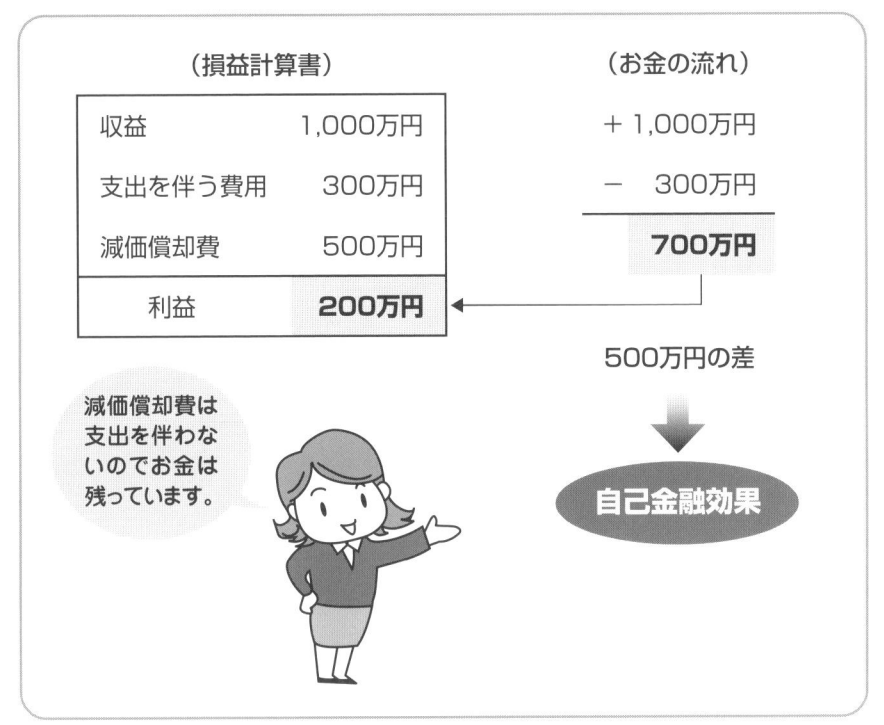

（損益計算書）

収益	1,000万円
支出を伴う費用	300万円
減価償却費	500万円
利益	**200万円**

（お金の流れ）

＋1,000万円
－　 300万円
700万円

500万円の差

→ 自己金融効果

減価償却費は支出を伴わないのでお金は残っています。

　ります。この機能を減価償却の「**自己金融効果**」と呼びます。
　また、減価償却費は**法人税法に規定されている**範囲で費用として認められているので、利益を減少させた金額に法人税率を掛けることになり、それだけ税金を減少させる効果もあります。

ただし、支出したときには一括して経費にならない

　減価償却の手続きは、実際のお金の支払いと費用の計上時期がずれるので、それがデメリットになるとも考えられます。たとえば、交通費として10万円支出する場合、その支払いと費用計上の時期はほぼ一致することと比較すると、会計処理を複雑なものにし、時に経営者に間違った経営判断をさせてしまうことも考えられます。
　また、利益が出ている年度の節税対策として固定資産の購入を考えると、購入した年度における支出額よりも費用として計上できる金額が大幅に少ないので、あまり節税にはつながりません。

14 減価償却資産と使用可能期間

減価償却する資産と耐用年数は？

　減価償却の計算をするうえでは、まず次の３つの要素を押さえておかなければなりません。

```
何を         いくらで       いつ
(資産の種類)  (取得価額)    (事業供用日)    取得し使用したか
```

　そこで、「何を」（資産の種類）からみていきましょう。

減価償却の対象となる資産は

　会社は利益を獲得するために活動します。その活動のなかで使用するために所有する資産のうち、時の経過とともにその資産の価値が減少し

◎減価償却資産と非減価償却資産◎

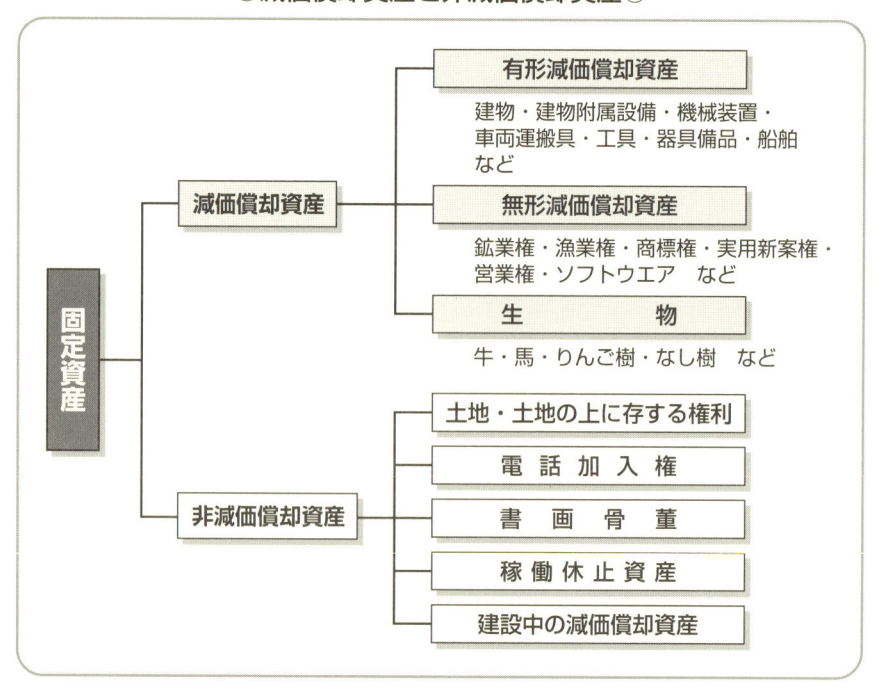

固定資産
├ 減価償却資産
│　├ 有形減価償却資産
│　│　　建物・建物附属設備・機械装置・車両運搬具・工具・器具備品・船舶　など
│　├ 無形減価償却資産
│　│　　鉱業権・漁業権・商標権・実用新案権・営業権・ソフトウエア　など
│　└ 生物
│　　　　牛・馬・りんご樹・なし樹　など
└ 非減価償却資産
　　├ 土地・土地の上に存する権利
　　├ 電話加入権
　　├ 書画骨董
　　├ 稼働休止資産
　　└ 建設中の減価償却資産

ていく資産が「**減価償却資産**」です。

ただし、固定資産のなかにはこの減価償却資産に該当しない、たとえば、土地や電話加入権などのような資産（＝**非減価償却資産**）も存在するので、それらをしっかり区分して、取得した資産がこれらのうちどの種類に該当するのかを把握する必要があります。

減価償却をする期間＝耐用年数とは

減価償却資産は、購入して使用し始めたときから使用しなくなったときまでの期間にわたって減価償却費を計上することにより、「資産の費用化」を行ないますが、その期間については、取得の段階で判断しなければなりません。そうしなければ使用期間にわたる各年度でいくらずつ減価償却費を計上すればよいかわからないからです。

この「事業のために使用できる年数」を「**耐用年数**」と呼びます。

◎耐用年数と減価償却費の計上◎

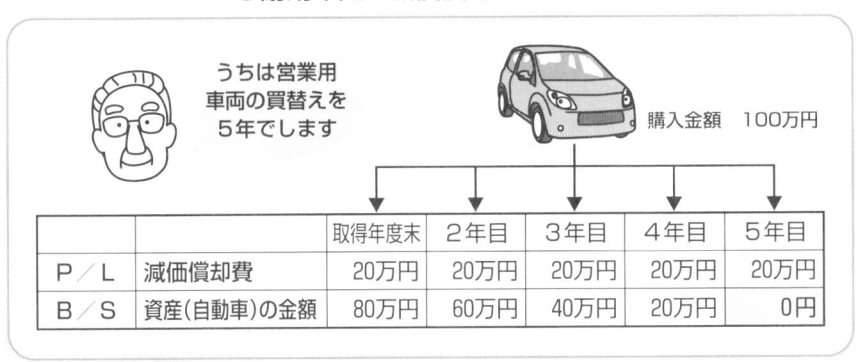

うちは営業用車両の買替えを5年でします

購入金額　100万円

		取得年度末	2年目	3年目	4年目	5年目
P／L	減価償却費	20万円	20万円	20万円	20万円	20万円
B／S	資産(自動車)の金額	80万円	60万円	40万円	20万円	0円

知っトク！　　**決算書では耐用年数を自由に決められる！**

たとえば、ある会社が「うちは営業用の自動車は10年使用する」と考えれば、その会社の営業用車両の耐用年数は10年になります。一方、別の会社で「うちは5年使用して買い替えますよ。古い車は顧客に悪い印象を与えますからね」と考えれば、その会社が使用する営業用車両の耐用年数は5年です。

このように、財務諸表の作成、つまり財務会計上では、同じ資産の種類でも、会社の決定次第（考え方や使用環境など）で耐用年数が10年にも5年にもなるわけです。

15 法人税法と使用可能期間
耐用年数は税法で決められている

　減価償却資産の財務会計上の耐用年数は、会社の実情に合わせて決定できるのですが、税金の計算、つまり税務会計上の耐用年数の考え方はかなり違っています。

税法では同一資産には同一の耐用年数を適用する！

　会計の世界では会社独自で耐用年数を決めてもよいのですが、法人税を計算するうえでこれを認めてしまうと、会社の判断で税金の金額をコントロールできることになってしまいます。

　そこで、これを回避するために税法では、「**減価償却資産の耐用年数等に関する省令**」（＝耐用年数省令）で**資産の種類、構造、用途（＝利用方法）に応じてそれぞれの耐用年数を画一的に規定**しています。

　法人税を計算するうえでの耐用年数は、この耐用年数省令にそって決定しますので、同一資産を同一用途で所有・使用するそれぞれの会社の減価償却の計算では、耐用年数は同一のものを使うことになります。

◎会計上の耐用年数と税務上の耐用年数が違う場合は◎

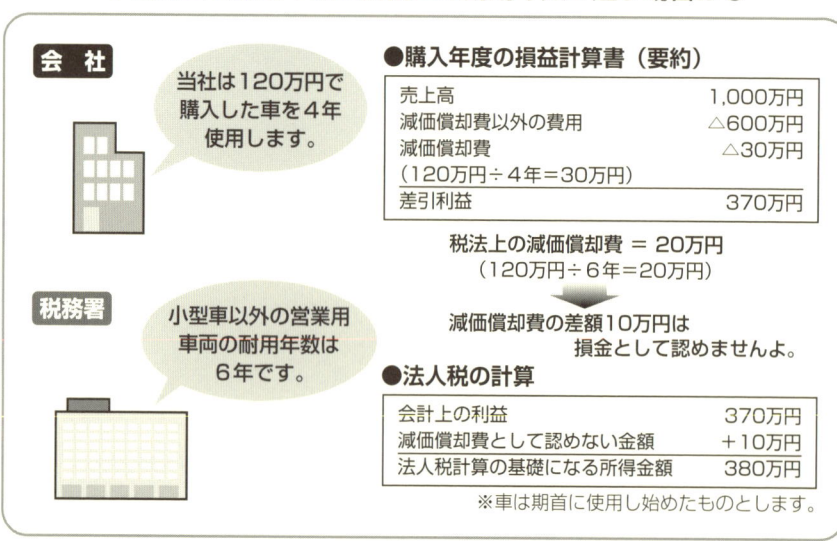

会社：当社は120万円で購入した車を4年使用します。

●購入年度の損益計算書（要約）

売上高	1,000万円
減価償却費以外の費用	△600万円
減価償却費 （120万円÷4年＝30万円）	△30万円
差引利益	370万円

税法上の減価償却費 ＝ 20万円
（120万円÷6年＝20万円）

減価償却費の差額10万円は
　　　損金として認めませんよ。

税務署：小型車以外の営業用車両の耐用年数は6年です。

●法人税の計算

会計上の利益	370万円
減価償却費として認めない金額	＋10万円
法人税計算の基礎になる所得金額	380万円

※車は期首に使用し始めたものとします。

会計上で適用している耐用年数と税務上で規定されている耐用年数が違う場合は、税金の計算をする段階で一定の調整を行なわなければなりません。その調整の手間を省くため、特に中小企業では税務上の耐用年数を会計処理の段階から適用しているのが実情です。

税務上の耐用年数のしくみ

税法における耐用年数は、ある資産をある用途で使用した場合の一般的な使用可能期間を見積もった年数です。

たとえば、鉄筋コンクリート造の建物と自動車を比べた場合、どちらが長く使用できるでしょうか？ なかには、公道を走行することが可能なクラシック・カーというのも実際に存在し、相当長く使用していると思われますが、それはごく稀な話であって、一般的には鉄筋コンクリート造の建物のほうが長く使用することができるでしょう。

このように使用可能期間の大多数を占める一般的な「見積耐用年数」が耐用年数省令には規定されているのです。

◎建物と車両運搬具の耐用年数を比較してみると◎

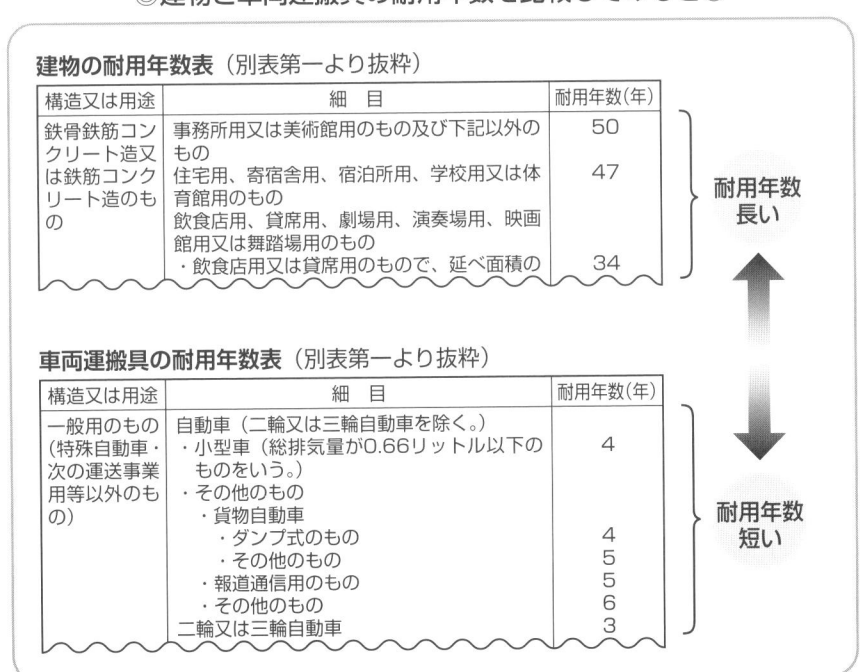

建物の耐用年数表（別表第一より抜粋）

構造又は用途	細目	耐用年数(年)
鉄骨鉄筋コンクリート造又は鉄筋コンクリート造のもの	事務所用又は美術館用のもの及び下記以外のもの	50
	住宅用、寄宿舎用、宿泊所用、学校用又は体育館用のもの	47
	飲食店用、貸席用、劇場用、演奏場用、映画館用又は舞踏場用のもの ・飲食店用又は貸席用のもので、延べ面積の	34

車両運搬具の耐用年数表（別表第一より抜粋）

構造又は用途	細目	耐用年数(年)
一般用のもの（特殊自動車・次の運送事業用等以外のもの）	自動車（二輪又は三輪自動車を除く。） ・小型車（総排気量が0.66リットル以下のものをいう。） ・その他のもの 　・貨物自動車 　　・ダンプ式のもの 　　・その他のもの 　・報道通信用のもの 　・その他のもの 二輪又は三輪自動車	4 4 5 5 6 3

耐用年数 長い

耐用年数 短い

16 減価償却資産の取得価額

その資産はいくらで取得したのか

減価償却資産の「取得価額」の求め方

　減価償却資産の金額（**取得価額**）はいくらか？　これも減価償却費の経理処理にあたっては、大切かつ重要な要素です。なぜなら、減価償却費の計算の基礎となる金額が間違っていれば、当然、各年度に費用として計上する減価償却費の金額が違ってしまうからです。

　購入した減価償却資産の取得価額は、次の計算式で求めます。

$$
\text{取得価額} = \begin{cases} ①購入代金 \\ +②購入するためにかかった費用 \\ +③使用するためにかかった費用 \end{cases}
$$

①購入代金

　その資産の購入金額です。自動車を購入した場合は、「本体価額」や「オプション価格」の合計額からそれらに対する値引きの金額を差し引いた金額です。

②購入するためにかかった費用

　購入するためにかかる「付随費用」です。たとえば自動車の場合なら、納車費用や引取運賃、購入手数料など。海外の資産を輸入して購入する場合には、関税なども含まれます。

③使用するためにかかった費用

　購入した資産を事業に使用できるようにするための費用が該当します。たとえば、機械などを購入した場合の据付費用や試運転に要する費用などが該当します。

機械を購入したときの取得価額は

　それでは、実際に機械を購入したときの請求書をもとに取得価額がいくらになるか、みてみましょう。

◎機械の取得価額はいくらになる？◎

```
         御 請 求 書

㈱○×機械設備    令和××年○月○日

本体価格        10,200,000 円  ┐
お値引き        △  200,000 円  ┘ ①の購入代金

設置費用           300,000 円  ┐
試運転費用         100,000 円  ┘ ③の使用するために
                                  かかった費用

 合  計       10,400,000 円
```

```
         御 請 求 書

㈱△運送        令和××年○月×日

機械運送代金       50,000 円  →  ②の購入するために
                                 かかった費用
```

上記の請求書からこの機械の取得価額は、①の金額1,000万円と、②の金額5万円、③の金額40万円の合計額である1,045万円になります。

知っトク！ 取得価額にしなくてもよい費用

　自動車を購入する際の自動車取得税や自動車重量税などの税金、自賠責保険、検査登録費用や車庫証明費用などは、取得価額に含めなくてもよいことになっています。これらの費用は購入の際にかかる費用ではありますが、購入するための費用というよりも自動車を所有するための費用（購入の事後的な費用）として考えられるからです。

　法人税を節税したい場合には、これらの「取得価額に含めなくてもよい費用」を請求書や計算書から上手に抜き出し、経費として処理することが重要です。

17 少額減価償却資産の特例等
安価な減価償却資産の取扱いは？

資産計上しなくてもよい基準がある

事業に使用する減価償却資産のうち、次のものは資産として計上しなくてもよく、一時の費用（損金）として取り扱ってもよいことになっています。

①その取得価額が10万円未満のもの
②使用可能期間が1年未満のもの

取得価額が10万円未満のものや使用可能期間が1年未満のものまで、減価償却資産として管理したり減価償却費を計算したりすると、会社にとっては事務処理の量を増やすことになります。しかしその割には、会計上も法人税の計算上も大きく影響してはこないので、一時の費用として処理してもよいことになっているのです。

取得価額10万円未満の考え方

取得価額が10万円未満かどうかの判定は、機械装置であれば1台ごと、工具、器具備品であれば1個、1組、1揃いなど、**通常1単位として取引される単位**で判定します。

たとえば、テーブルとソファーの組み合わせである応接セットを20万円で購入した場合は、個々の椅子やテーブルで取得価額を分けるのではなく、あくまでも1セット20万円の資産として減価償却の対象となります。

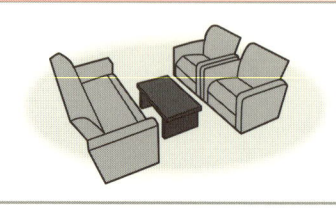

応接セットはこれで1単位

また、カーテンの場合には1部屋単位、パソコンの場合には本体とＯＳは一体として取得価額を計算することになっています。

使用可能期間1年未満の考え方

使用可能期間が1年未満の減価償却資産とは、その会社が営む業種で一般的に「消耗品」として認識され、かつ、その会社の平均的な使用状況、補充状況などからみて使用可能期間が1年に満たないと考えられるものをいいます。

取得価額が少額なことなどによって受けられる特例

減価償却資産の取得価額が10万円未満の場合には一括して費用計上することが認められており、これを「**少額減価償却資産の特例**」といいます。

そのほか、20万円未満、30万円未満の場合にも減価償却の特例があり、それらをまとめると、下図のようになります。

◎取得価額が少額な場合の3つの特例◎

① 少額減価償却資産の特例
取得時に一括で費用計上できる
(取得価額10万円未満または使用可能期間1年未満の資産)

② 一括償却資産の特例
3年間で償却計算を行なう
(取得価額20万円未満の資産)

③ 中小企業者の少額減価償却資産の特例
取得時に一括で費用計上できる
(中小企業者が取得する取得価額30万円未満の資産)

なお、購入した資産にどの特例が適用できるのか、また、どの特例を選択すると有利か、などについては十分に吟味する必要がありますが、上図の②、③の特例については118ページ以降で詳しく説明します。

18 税込経理と税抜経理

消費税の取扱いには注意が必要

　減価償却資産の取得価額を決める際に、消費税はどのように考えたらよいのでしょうか。

　会社は消費税の経理方法として「**税込経理**」か「**税抜経理**」のどちらかを選択してすべての取引を処理することになっていますが、減価償却については、どちらの経理方法を選択するかによって違ってきます。

「税込経理」の場合

　消費税を含んだ金額を会計上の取引金額として処理する、いわゆる「税込経理」を選択している場合には、消費税を含めた金額（税込金額）をその資産の取得価額とします。

　たとえば、税抜金額9万9,000円のパソコンを購入した場合、消費税（ここでは10％とします）は9,900円ですが、その合計額で次のように経理処理（仕訳）することになります。

```
（借方）器具備品　108,900円　／　（貸方）現　金　108,900円
```

　このパソコンの取得価額は10万8,900円となるため、少額減価償却資産の特例を適用することはできません。

「税抜経理」の場合

　「税抜経理」を選択している場合は、消費税抜きの金額を購入資産の取得価額として、消費税部分は「**仮払消費税**」という勘定科目を使って次のように仕訳します。

```
（借方）器具備品　　99,000円　／　（貸方）現　金　108,900円
　　　　仮払消費税　 9,900円
```

◎取得価額が「税込」か「税抜」かによる違い◎

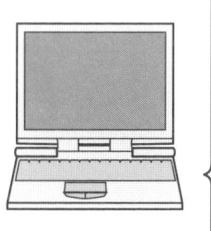

（パソコン）
本体価格　99,000円
消費税　　 9,900円
税込価格　108,900円

① 税込経理の場合
取得価額 ＝ 108,900円 → **通常の減価償却費の計算**
（法定耐用年数4年）

② 税抜経理の場合
取得価額 ＝ 99,000円 → **少額減価償却資産**
（取得した事業年度で一括経費計上）

この場合、パソコンの取得価額は9万9,000円となるので、少額減価償却資産の特例を適用することができ、一時の費用として購入年度に損金処理してよいことになります。

このように消費税の経理方法により減価償却資産の取得価額が違ってくることに注意が必要です。

知っトク！　「非常用食品」って減価償却資産？

　先の東日本大震災を受け、会社の災害に備える機運も高まっており、非常用食品をオフィスや工場の倉庫などに備蓄するケースも増加していることでしょう。では、この非常用食品の購入費用はどのように取り扱われるのでしょうか？

　非常用食品は、長期間保管され、実際に災害が発生したときにはじめて食品として消費されます。その所有の意図からすると、購入から消費までの期間は、ずっと事業の用に供されていますが、食品として消費されるまで、あるいは消費期限が過ぎるまでは、機能や価値の減少はないと考えられるので、減価償却資産ではなく「貯蔵品」といえるでしょう。

　ただ、非常用食品の所有の意図は災害時の備えであり、その消費ではなく備蓄することに意義があるのですから、備蓄を開始した日の属する事業年度の費用として処理することが合理的であるといえます。

19 「取得日」と「事業供用日」
減価償却はいつからスタートするのか？

「事業の用に供した日」から減価償却の計算がスタート！

　資産を購入した日とその資産を使用し始めた日が一緒であるとは限りません。たとえば、ある機械を6月1日に購入したとします。ところが、その機械で製品を製造するための材料が届いて生産を開始したのが7月1日だとすると、その機械を使用し始めた日（**事業の用に供した日＝事業供用日**）は7月1日ということになります。

　実際に、減価償却を開始するのはこの事業の用に供した日であり、このケースの場合では、7月1日から減価償却の計算をスタートします。

　なお、無形減価償却資産である漁業権や特許権、商標権などの工業所有権は、その存続期間の経過により償却するべきものであると考えられるので、その取得日から事業の用に供したものとして減価償却することができます。

遊休資産や建設中の資産は減価償却できない！

　製造ラインの合理化や工場の閉鎖などで、減価償却資産を事業の用に供しなくなった場合は、減価償却の計算もできなくなります。ただし、次の場合には事業の用に供していないとまではいえないため、減価償却の計算を続けることができます。

①休止期間中も必要な維持補修が行なわれていて、いつでも稼働できる状態である場合
②他の場所で使用するために移設中のもので、移設期間として通常要する長さの場合

　また、建設中、製造中の建物や機械装置などの減価償却資産は、事業の用に供されていないので減価償却を開始することはできません。

　ただし、部分的に完成したものを事業の用に供した場合は、たとえ会

◎操業を停止している工場の資産の減価償却◎

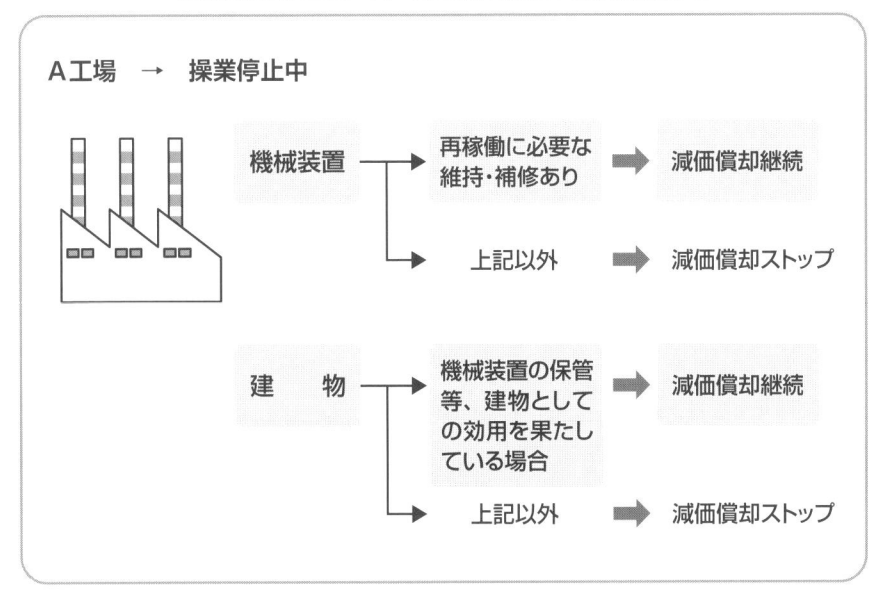

A工場 → 操業停止中

機械装置
- 再稼働に必要な維持・補修あり → 減価償却継続
- 上記以外 → 減価償却ストップ

建物
- 機械装置の保管等、建物としての効用を果たしている場合 → 減価償却継続
- 上記以外 → 減価償却ストップ

◎移設中の資産の減価償却◎

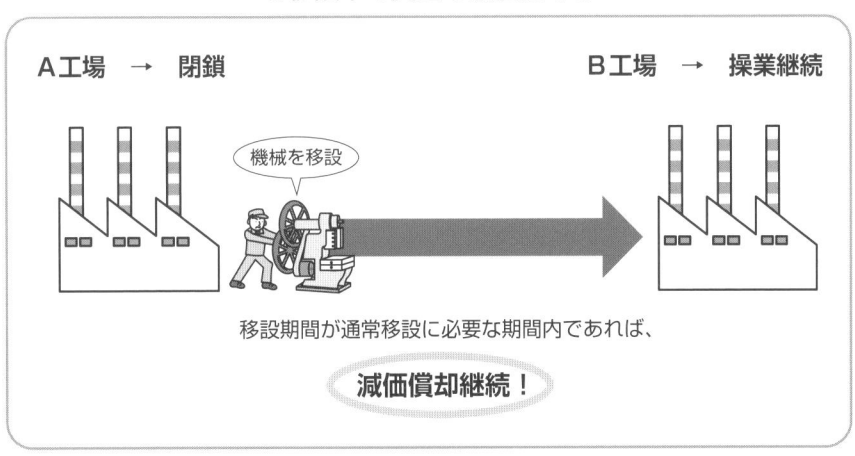

A工場 → 閉鎖　　　　　　　　　B工場 → 操業継続

機械を移設

移設期間が通常移設に必要な期間内であれば、

減価償却継続！

計上の科目が「建設仮勘定」（☞78ページ）で処理されているものであっても、減価償却の計算を開始することができます。

COLUMN

青色申告と減価償却

　「**青色申告**」という言葉は聞いたことがあると思います。

　青色申告とは、簡単にいえば、しっかりと帳簿を作成・保存し、その帳簿にもとづいて決算書を作成することを条件に、いろいろな税金計算上の特典を受けることができる申告方式のことをいいます。

　青色申告による確定申告をしようとする場合は、所定の期日までに「青色申告の承認申請書」という書類を税務署に提出しなければなりません。この青色申告によらない場合には、「白色申告」という申告の種類になり、税金上の特典が受けられなくなります。

　この青色申告は、個人の確定申告だけに適用されるわけではなく、法人（＝会社）の確定申告についても「青色」「白色」の区分があります。

　そして、法人の場合も青色申告にするとさまざまな特典が受けられますが、減価償却に関係するものとしては次のようなものがあります。

- 中小企業者等の少額減価償却資産の特例（30万円未満の資産）
- 各種の特別償却

　これらの内容については、このあと本文で説明していきますが、減価償却に限らず青色申告の特典によるメリットは大きいので、特に、会社を設立する際は、申請書の提出を忘れないようにしましょう。

【青色申告の承認申請書の提出期限】
①法人の場合
- 青色申告書による申告をしようとする事業年度開始の日の前日まで
- 新規設立の場合は、設立日の属する事業年度開始の日から3月を経過した日とその事業年度終了の日のいずれか早い日の前日まで

②個人の場合
- 青色申告による申告をしようとする年の3月15日まで
- 1月16日以後に新たに事業や不動産貸付を開始した場合には、その事業開始日から2月以内（ただし、相続により事業を承継した場合には別の決まりがあります）

3章

減価償却の方法と減価償却費の計算のしかた

減価償却の方法については、昔からいろいろな研究が続けられてきましたが、現在、実務で採用されることの多い方法は「定額法」と「定率法」です。また、平成19年度と平成24年度の税制改正で新しい計算方法が導入され、実務上は「新」と「旧」が混在する、非常にややこしい状況になっています。

20 代表的な2つの償却方法
「定額法」「定率法」の特徴を知っておこう

代表的な減価償却の方法には、「定額法」と「定率法」があります。まず、それぞれの方法の特徴を理解しておきましょう。

「定額法」なら、毎期一定額の減価償却費

「定額法」とは、その資産の耐用年数の間、**毎期一定・同額の減価償却費**を計上する償却方法です。

計算が単純で、長期間使用する、たとえば建物のような減価償却資産に適している償却方法といえます。

「定率法」だと、早い段階に多額の減価償却費

「定率法」とは、使用開始時に耐用年数の期間のなかで最も多額の減価償却費を計上し、**1年ごとに計上できる**償却費が少なくなっていく償却方法です。

早い段階で多くの費用計上ができるので、税額の抑制をとおして投下資本の早期回収が可能である償却方法といえます。

◎定額法と定率法の違い◎

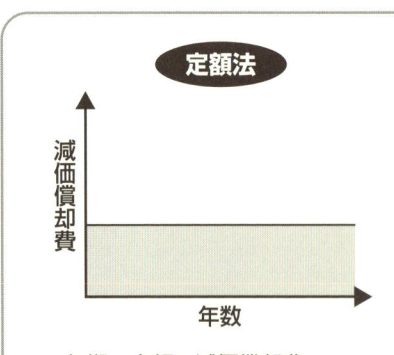

定額法
- 毎期一定額の減価償却費
- 計算がシンプル
- 建物など価値の減少がゆるやかな資産にマッチ

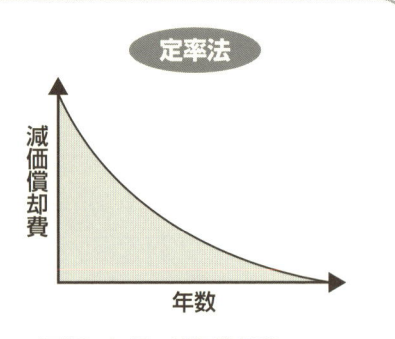

定率法
- 初期に多額の減価償却費
- 早期に投下資本の回収が可能
- 機械など機能的減価が生じやすい資産にマッチ

平成19年度と平成24年度の税制改正とは

減価償却の方法については近年、大きな改正が二度行なわれています。

①平成19年度の改正

平成19年度の減価償却制度の改正の特徴は以下のとおりです。

- より多くの減価償却費の計上（残存価額の廃止）
- より早い投下資本の回収（償却方法の見直し＝250％定率法の導入）

この改正により、固定資産を取得した会社の税金コストの早い時点での削減や、取得に要した資金の早期回収による他の経営資源への再分配の円滑化などが想定され、国際競争力が高まることが期待されました。

②平成24年度の改正

平成19年度の定率法の改正が少し行き過ぎていたと判断したのか、平成24年4月1日以後に取得をした資産については、定率法の償却率が再び見直しされています（＝200％定率法の導入）。

実務上では、これらの改正により、次のように減価償却資産を分類し、それぞれの方法で減価償却費の計算をしなくてはならなくなりました。

a）平成19年3月31日以前に取得した資産（定額法・定率法）
b）平成19年4月1日以後に取得した資産（新定額法・250％定率法）
c）平成24年4月1日以後に取得した定率法を適用する資産（200％定率法）

◎定額法・定率法の最近の変遷◎

		19年改正前	19年改正後	24年改正後
①法定耐用年数経過時点の残存割合		10%	0%	
②償却可能限度額		取得価額の95％まで	なし	
③償却率	1．定率法	法定耐用年数経過時点の残存価額が10％となるように償却率を算定	定額法の償却率の250％	定額法の償却率の200％
		定率法で5％まで償却	償却途中で定額法に切り替え、法定耐用年数で全額を償却	
	法定耐用年数10年の場合の償却率	20.60%	25%	20%
	2．定額法	法定耐用年数経過時点の残存価額が10％となるように償却率を算定	法定耐用年数経過時点で全額償却できるように償却率を決定	
	法定耐用年数10年の場合の償却率	9%	10%	

21 平成19年3月31日以前に取得の場合
「旧定額法」による減価償却費の計算

2段階の償却が必要

平成19年3月31日以前に取得した減価償却資産についての定額法による減価償却費の計算方法は次のとおりです。

> 減価償却費 ＝ （取得価額 － 残存価額） × 旧定額法の償却率
> 　　　　　　　　　　　　　　　　　　　　　（1÷耐用年数）

「残存価額」とは、取得価額の10％で、会計上では処分可能価額（耐用年数を経過した際に売却したら得られるであろう金額）の意味をもっています。しかし税法上は、**「償却可能限度額」**（次ページを参照）が95％とされていたので、耐用年数が終了した段階で取得価額の5％相当額を残した金額をさらに償却することができます。

また償却率は、1を耐用年数で割った数値です（割り切れない場合は小数点第4位以下切捨て）。たとえば耐用年数2年の場合は、「1÷2年＝0.5」となり、耐用年数5年の場合は「1÷5年＝0.2」となります。ただし、実際の計算では旧定額法の償却率の表で耐用年数ごとに示されている率を使用します（耐用年数省令の別表第七。☞182ページ）。

なお、事業年度の途中で取得・使用した減価償却資産については、月割計算（1月未満切上げ）をすることになります（☞69ページ）。

償却可能限度額に到達したのちは5年間の均等償却

残存価額（税法上5％相当額）を5年間で均等償却します。これは、改正前に取得した資産についても改正後取得の資産と同等の償却限度額を実現させるため、平成19年度の改正で付加された償却方法であり、計算方法は以下のようになります。

> 減価償却費 ＝ （取得価額の5％ － 1円） × 1 ÷ 5

◎「旧定額法」による計算例◎

- 平成18年4月1日に購入し、同日より使用開始した取得価額500万円、耐用年数5年の減価償却資産（事業年度は4月1日から3月31日）
- 償却率は？ → 1÷耐用年数5年 → 0.200

事業年度	計算式	償却費	期末帳簿価額	償却費の合計額
平成19年3月期	500万円×90%×0.200	90万円	410万円	90万円
平成20年3月期	同上	90万円	320万円	180万円
平成21年3月期	同上	90万円	230万円	270万円
平成22年3月期	同上	90万円	140万円	360万円
平成23年3月期	同上	90万円	50万円	450万円
平成24年3月期	①500万円×90%×0.200＝90万円 ②期首帳簿価額50万円－取得価額×5%＝25万円 ①と②のいずれか少ないほう→②	25万円	25万円	475万円
平成25年3月期	（取得価額500万円×5%－1円）×1÷5	5万円	20万円	480万円
平成26年3月期	同上	5万円	15万円	485万円
平成27年3月期	同上	5万円	10万円	490万円
平成28年3月期	同上	5万円	5万円	495万円
平成29年3月期	①期首帳簿価額5万円－1円＝49,999円 ②（取得価額500万円×5%－1円）×1÷5＝5万円 ①と②のいずれか少ないほう→①	49,999円	1円	4,999,999円

※減価償却費の計算は小数点以下を切り上げて計算しています。

　この計算における1円は、「**備忘価額**」と呼ばれており、減価償却が終了しても、固定資産台帳や財務諸表にその資産が会社の資産として存在していることを記録しておくためのものです。

知っトク！　償却可能限度額とは

　残存価額（取得価額の10％）が実情にそぐわないといわれるなか、昭和39年度の税制改正で、有形減価償却資産については取得価額の95％を償却可能限度額とすると定められました。

22 平成19年4月1日以後に取得の場合
「新定額法」による減価償却費の計算

残存価額はなくなった

平成19年4月1日以後に取得した減価償却資産についての定額法による減価償却費の計算方法は次のとおりです。

> 減価償却費 ＝ 取得価額 × 新定額法の償却率
> 　　　　　　　　　　　　（1÷耐用年数）

改正後の新定額法においては、残存価額という概念がなくなっていることがわかります。

ただし、減価償却が完了する際に、1円の備忘価額は償却費として計上せずに資産の価額として残しておく点に注意が必要です。

新・旧定額法における償却率の違い

税法における新・旧それぞれの定額法の償却率は、小数点第4位の切上げ・切捨ての変更により、耐用年数によっては若干の違いがあります。

◎新・旧定額法の償却率表比較（抜粋）◎

耐用年数	償却率 旧定額法	償却率 （新）定額法
2	0.500	0.500
3	0.333	0.334
4	0.250	0.250
5	0.200	0.200
6	0.166	0.167
7	0.142	0.143
8	0.125	0.125
9	0.111	0.112
10	0.100	0.100
11	0.090	0.091
12	0.083	0.084
13	0.076	0.077
14	0.071	0.072
15	0.066	0.067

◎「新定額法」による計算例◎

- 平成23年4月1日に購入し、同日より使用開始した取得価額500万円、耐用年数5年の減価償却資産（事業年度は4月1日から3月31日）
- 償却率は？ → 1÷耐用年数5年 → 0.200

事業年度	計算式	償却費	期末帳簿価額
平成24年3月期	500万円×0.200	100万円	400万円
平成25年3月期	同上	100万円	300万円
平成26年3月期	同上	100万円	200万円
平成27年3月期	同上	100万円	100万円
平成28年3月期	①500万円×0.200＝100万円 ②期首帳簿価額100万円－1円 　　　　　＝999,999円 ①と②のいずれか少ないほう→②	999,999円	1円

実際に計算する場合には、取得時期に応じた「償却率表」（耐用年数省令の別表第八。☞182ページ）を参照するようにしてください。

知っトク！ 固定資産をしっかりと管理するには

　減価償却資産を含めた固定資産は、それぞれの資産の取得価額や事業の用に供した年月日、減価償却方法や期末帳簿価額などの情報を、しっかりと管理しなければなりません。そうでないと、減価償却費の計算や、売却（☞124ページ）や除却（☞126ページ）の際の経理処理が正確にできなくなってしまうこともあります。

　この管理は、多くの会社が「固定資産管理台帳」という帳簿を作成することにより行なっています。平成19年度と平成24年度の改正で、改正前の定額法・定率法と改正後の定額法・定率法が異なることになったため、それぞれの資産の取得時点で管理しないと分類できない項目が増えました。正確な固定資産管理台帳の作成は、正確な減価償却費の計算のために、さらに重要性が高まっているといえます。

23 平成19年3月31日以前に取得の場合
「旧定率法」による減価償却費の計算

一見、償却率の計算がわかりづらい

平成19年3月31日以前に取得した減価償却資産についての定率法による減価償却費の計算方法は次のとおりです。

> 減価償却費 ＝ 期首未償却残高 × 旧定率法の償却率
> 　　　　　　　（取得初年度は取得価額）
> ●期首未償却残高＝その期がはじまった時点における資産の帳簿価額
> 　　　　　　　　（＝前期末における資産の帳簿価額）
> ●旧定率法の償却率＝$1 - \sqrt[n]{残存価額 \div 取得価額}$　　　（n＝耐用年数）

償却率の計算がわかりづらいですが、上記の償却率をAとして式全体の流れを表わすと次のようになります。
① 取得初年度は取得価額にAを乗じた償却費を、取得価額から差し引く
② その後の年度は期首帳簿価額にAを乗じた償却費を、その帳簿価額から差し引く
③ 期首に利用開始した場合には、「耐用年数の回数－1」だけ②を繰り返すと残存価額（取得価額の10％）が残る

つまり、耐用年数が終了する時点で残存価額である取得価額の10％が残るように、うまく計算された率が旧定率法の償却率になっているというわけです。実際の計算では、税法で定められた償却率表（耐用年数省令の別表第七。☞182ページ）を参照して行なうので、心配はいりません。

また、旧定率法においても耐用年数経過後に、税法上の償却可能限度額である取得価額の5％に達する前年まで上記の計算方法で減価償却を続け、償却可能限度額に達する年は償却可能限度額に達するまでの金額を減価償却費として計上します。

償却可能限度額に到達したのちは5年間の均等償却

旧定率法においても旧定額法と同様に、残存価額（税法上5％相当額）

◎「旧定率法」による計算例◎

- 平成18年4月1日に購入し、同日より使用開始した取得価額500万円、耐用年数5年の減価償却資産（事業年度は4月1日から3月31日）
- 償却率は？ → $1 - \sqrt[5]{500,000円 \div 5,000,000円}$ → 0.369

事業年度	計算式	償却費	期末帳簿価額	償却費の合計額
平成19年3月期	500万円×0.369	1,845,000円	3,155,000円	1,845,000円
平成20年3月期	3,155,000円×0.369	1,164,195円	1,990,805円	3,009,195円
平成21年3月期	1,990,805円×0.369	734,608円	1,256,197円	3,743,803円
平成22年3月期	1,256,197円×0.369	463,537円	792,660円	4,207,340円
平成23年3月期	792,660円×0.369	292,492円	500,168円	4,499,832円
平成24年3月期	500,168円×0.369	184,562円	315,606円	4,684,394円
平成25年3月期（償却可能限度額に達する年）	①(500万円－前年までの償却費の合計額4,684,394円)×0.369 ＝116,459円 ②期首帳簿価額315,606円－取得価額の5％（25万円）＝65,606円 ①と②のいずれか少ないほう →65,606円	65,606円	25万円	475万円
平成26年3月期	（取得価額500万円×5％－1円）×1÷5	5万円	20万円	480万円
平成27年3月期	同上	5万円	15万円	485万円
平成28年3月期	同上	5万円	10万円	490万円
平成29年3月期	同上	5万円	5万円	495万円
平成30年3月期	①期首帳簿価額5万円－1円 ＝49,999円 ②（取得価額500万円×5％－1円）×1÷5＝5万円 ①と②のいずれか少ないほう→①	49,999円	1円	4,999,999円

※減価償却費の計算は小数点以下を切り上げて計算しています。

を5年間で均等償却します。計算方法は以下のようになります。

> 減価償却費 ＝（取得価額の5％－1円）×1÷5

24 平成19年4月1日から平成24年3月31日までに取得した場合
「新定率法」による減価償却費の計算①

定額法の2.5倍の償却費を計上できる「250%定率法」

平成19年4月1日から平成24年3月31日までに取得した減価償却資産についての定率法による減価償却費の計算は、原則として以下のとおりです（平成24年度改正については64ページを参照）。

> 減価償却費 ＝ 期首未償却残高 × 新定率法の償却率
> - 期首未償却残高＝その期がはじまった時点における資産の帳簿価額
>   （＝前期末における資産の帳簿価額）
> - 新定率法の償却率＝新定額法の償却率の250%

この時期に取得した資産の償却率は、**新定額法の償却率の250%**です。つまり、償却開始初年度では、新定額法を採用した場合の償却費の2.5倍の償却費を計上できることになり、投下した資本の早期回収が可能となっています。

しかし、この定率法の償却計算では、耐用年数の終盤になると、償却費が加速度的に少なくなっていき、耐用年数が経過しても減価償却が終わらないという現象が生じてしまいます。

この現象を生じさせないため新定率法では、「**ある一定の時期**」になると、未償却で残っている金額を耐用年数の終了までの残りの期間で「**定額法のような計算**」で償却していく方法に切り替わります。

この「ある一定の時期」と「定額法のような計算」についてみていきましょう。

「改定償却率」を使った償却計算等への移行

「償却保証額」とは、制度上、「最低この金額以上は償却できることを保証します」という一定の金額をいいます。この償却保証額は、その資産の取得価額に耐用年数ごとに定められた率（＝保証率）を乗じて計算します。保証率については、耐用年数省令の別表第九（☞183ページ）

◎償却計算の移行が必要なとき◎

> 減価償却費　＜　償却保証額（取得価額×保証率）
> ↓
> 計算方法を変更する！

に定められています。

　前述の「ある一定の時期」とは、その資産の減価償却費の計算を行なっていって、通常年度どおり定率法の償却率で計算した金額（＝調整前償却額）が、償却保証額を下回ってしまう期をいい、その期以降は、下の計算式に示したように計算方法をあらためて、減価償却の計算を行ないます。

> 減価償却費 ＝ 改定取得価額 × 改定償却率

　「改定取得価額」とは、通常どおりの減価償却の計算では償却保証額を下回ってしまうことになる期の「期首の未償却残高」をいいます。つまり、償却保証額を下回らない最後の期の未償却残高を、新たな償却計算の基礎になる取得価額に見立てるのです。

　「改定償却率」とは、残りの耐用年数で減価償却ができるように計算された一定の率で、耐用年数省令の別表第九に定められています。

25 平成24年4月1日以後に取得の場合
「新定率法」による減価償却費の計算②

平成24年4月1日以後の取得は「200％定率法」

平成23年12月の税制改正により、新定率法の償却率は再び変更されました。

> 平成24年4月1日以後に取得する減価償却資産の定率法の償却率
> ＝新定額法の償却率を2倍した償却率（200％定率法）

この改正により、新定率法の償却率は「250％」から「200％」に引き下げられ、償却費の計上額のカーブは少しゆるやかになりました。また、償却率の変更に合わせて、改定償却率と保証率も変更になっています（耐用年数省令の別表第十☞186ページ）が、その他の計算方法は250％定率法と同じです。

このように、定率法による減価償却費の計算については、短期間に二度の計算方法の改正が行なわれたわけで、資産の取得の時期により3種類の定率法計算を併用することになり、実務上はとても煩雑になったといえます。

◎200％定率法の適用にあたっての特例措置◎

	事業年度	資産の取得時期	償却方法	税務署への届出
特例その1	平成24年4月1日前に開始、かつ同日以後に終了する年度（これを改正事業年度という）	平成24年4月1日からその事業年度終了まで	（原則）200％定率法	不要
			（特例）250％定率法	不要
特例その2	改正事業年度以後または平成24年4月1日以後最初に開始する事業年度以後	平成19年4月1日から平成24年3月31日まで	（原則）250％定率法	不要
			（特例）200％定率法	必要（注）

（注）平成24年4月1日が属する事業年度の確定申告書の提出期限（仮決算をした場合の中間申告書を提出する場合はその提出期限）までに「200％定率法の適用を受ける旨の届出書」を所轄税務署長に提出しなければなりません。

◎「200％定率法」による計算例◎

- 平成24年４月１日に購入し、同日より使用開始した取得価額500万円、耐用年数５年の減価償却資産（事業年度は４月１日から３月31日）
- 償却率は？ → 新定額法の償却率0.200の200％ → 0.400
- 改定償却率は？ → 耐用年数省令別表第十より → 0.500
- 償却保証額は？ → 500万円×保証率0.10800 → 540,000円

事業年度	計算式	償却費	期末帳簿価額	償却費の合計額
平成25年３月期	500万円×0.400	200万円	300万円	200万円
平成26年３月期	300万円×0.400	120万円	180万円	320万円
平成27年３月期	180万円×0.400	72万円	108万円	392万円
平成28年３月期	①108万円×0.400＝432,000円 ②償却保証額54万円 ③ ①＜②　よって改定償却率を使用 →改定取得価額1,080,000円×0.500	540,000円	540,000円	4,460,000円
平成29年３月期	改定取得価額1,080,000円×0.500 （備忘価額の１円を残す）	539,999円	１円	4,999,999円

通常の減価償却費が償却保証額を下回るので計算方法を切り替えます。

　この実務上の事務負担を軽減するため、前ページ表のような特例措置が講じられています。

　このように、新定率法による場合は250％定率法にしろ200％定率法にしろ、２段階の計算プロセスを経て、備忘価額である１円が残るまで減価償却費を計上できます。

　計算方法としては複雑ですが、実際の計算では耐用年数省令の別表に定められているそれぞれの率を利用して計算できるので、考え方さえ理解していればそんなに心配することはありません。

26 減価償却方法の選定
資産によって償却方法は決まっている

税法に規定されている減価償却の方法

税法では、資産の種類によって選択できる減価償却の方法が決められています。

この場合、複数の償却方法が認められている資産については、税務署に「減価償却資産の償却方法の届出書」を提出することによって償却方法を選択できます。

◎資産の種類ごとに選択できる減価償却の方法◎

資産の種類	取得日	選択可能な償却方法
建物	平成10年3月31日以前	定率法または定額法
	平成10年4月1日以後	定額法
建物附属設備と構築物	平成28年3月31日以前	定率法または定額法
	平成28年4月1日以後	定額法
鉱業用の減価償却資産（建物と建物附属設備と構築物）	平成28年3月31日以前	生産高比例法または定率法または定額法
	平成28年4月1日以後	定額法または生産高比例法
鉱業用の減価償却資産（上記以外のもの）		生産高比例法または定率法または定額法
上記以外の有形減価償却資産		定率法または定額法
生物		定額法
鉱業権		生産高比例法または定額法
鉱業権以外の無形減価償却資産		定額法
所有権移転外リース資産		リース期間定額法

償却方法の選択は資産の種類ごとに行なう

　減価償却の方法を選択する際は、資産の種類（建物、建物附属設備、構築物、船舶、航空機、車両運搬具、工具、器具備品など）ごとに行ないます。なお、機械装置については原則として耐用年数省令に定められている「設備の種類」（☞84ページ）ごとに選択します。

　また、事業所が複数ある場合には、同一の資産の種類でも、その事業所ごとに減価償却方法を選択することができます。

◎償却方法を選択する際のルール◎

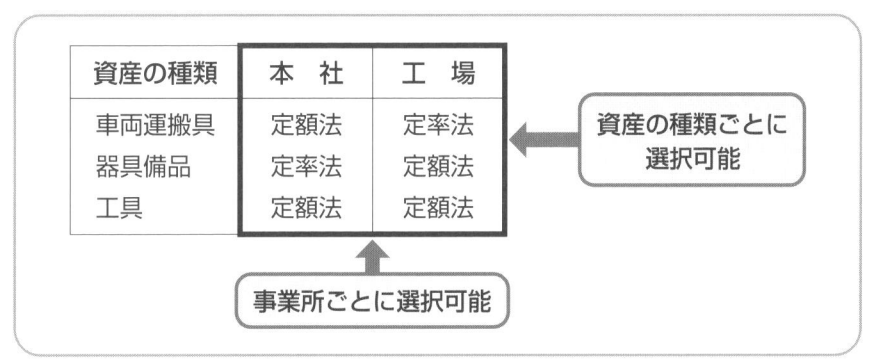

資産の種類	本　社	工　場
車両運搬具	定額法	定率法
器具備品	定率法	定額法
工具	定額法	定額法

← 資産の種類ごとに選択可能

↑ 事業所ごとに選択可能

届出をしない場合には「法定の償却方法」による

　複数の償却方法が選択できる資産の種類において、選択の届出をしない場合は、自動的に「法定の償却方法」が適用されます。この法定の償却方法とは、法人の場合、次のとおりです。

◎法定の償却方法（法人の場合）◎

資産の種類	法定の償却方法
●平成10年3月31日以前取得の建物	定率法
●鉱業用の減価償却資産	生産高比例法
●上記以外の有形減価償却資産	定率法
●鉱業権	生産高比例法

27 変更申請と月割の償却費計算
償却方法の変更と期中取得資産の償却

途中で償却方法を変更したいときは

　一度選択した（または届出をしなかった場合も）償却方法をその後に変更しようとする場合には、変更しようとする期が開始する前日までに、税務署に変更しようとする理由などを記載した**「減価償却資産の償却方法の変更承認申請書」**を提出する必要があります。

　この申請が税務署長に承認されれば晴れて変更OKとなりますが、却下されてしまう場合もあります。却下される場合には、変更しようとする期の末日までに却下の通知がきますので、その通知がこない場合は自動的に承認されたということになります。

　変更の申請書を提出する場合には、次の点に注意してください。

> ●いままでの償却方法を採用してから相当期間が経過しているか
> ●償却方法の変更が、法人税等の計算に及ぼす影響が大きすぎないか

　特別な理由がある場合を除いて、現在の償却方法を採用して3年を経過していないような場合や、その変更に合理的な理由が存在しないなどの場合には、申請が却下されてしまうようです。

◎減価償却の方法を変更する手続きの流れ◎

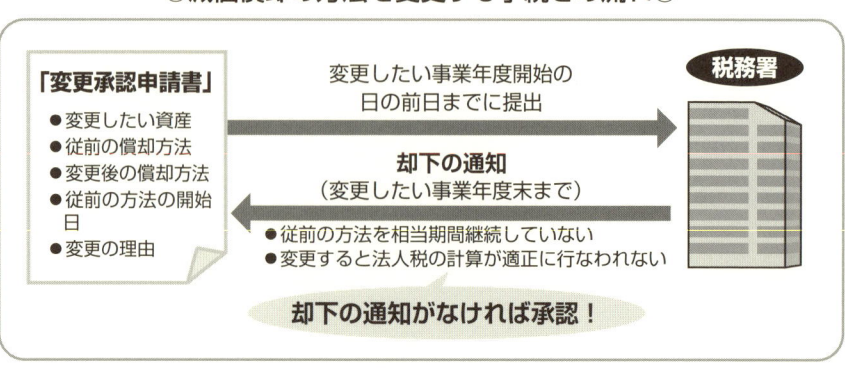

「変更承認申請書」
- 変更したい資産
- 従前の償却方法
- 変更後の償却方法
- 従前の方法の開始日
- 変更の理由

変更したい事業年度開始の日の前日までに提出 → 税務署

却下の通知（変更したい事業年度末まで） ←
- 従前の方法を相当期間継続していない
- 変更すると法人税の計算が適正に行なわれない

却下の通知がなければ承認！

事業年度の途中で取得した資産の償却計算は月割で

資産を購入して使い始めるのは、その事業年度が開始する日とは限りません。というよりもほとんどの場合、必要になったから購入し、使い始めるのですから、使用開始日は事業年度の途中であることがほとんどでしょう。

このように、期の途中で使用を開始した資産の減価償却は、**月割で計算**することになります。

また、たとえば5月10日にある資産の使用を開始した場合には、減価償却のスタート月は5月になります。つまり、1月未満の端数は1か月に切り上げて減価償却費の計算を行なうことになります。

◎月割で減価償却を行なう場合の計算例◎

- 平成24年2月15日に購入し、同日より使用開始した取得価額500万円、耐用年数5年の減価償却資産(事業年度は4月1日から3月31日)
- 償却率は? → 1÷耐用年数5年 → 0.200
- 初年度の月数は? → 24年2月(切り上げて1か月)〜24年3月 → 2月

事業年度	計算式	償却費	期末帳簿価額
平成24年3月期	500万円×0.200×2月÷12月	166,667円	4,833,333円
平成25年3月期	500万円×0.200	100万円	3,833,333円
平成26年3月期	同上	100万円	2,833,333円
平成27年3月期	同上	100万円	1,833,333円
平成28年3月期	同上	100万円	833,333円
平成29年3月期	①500万円×0.200×10月÷12月=833,333円 ②期首帳簿価額833,333円-1円=833,332円 ①と②のいずれか少ないほう →②	833,332円	1円

※減価償却費の計算は小数点以下を切り上げて計算しています。

> 事業供用日が決算期末に近いとあまり償却費を計上できません!

知っトク! 固定資産の購入と節税

節税対策として固定資産の購入を考えるような場合、決算日(その事業年度の期末日)が近づいてからあわてて資産を購入し、使用を始めても、あまり節税にはならない(=減価償却費は月割分しか計上できない)ことになります。

COLUMN

固定資産税と償却資産税

　固定資産を所有しているとかかってくる税金に「固定資産税」があります。この固定資産税は、土地、家屋、償却資産を課税対象とする地方税で、その資産が所在する市町村等が税額を計算し、所有者に賦課する形がとられますが、以下のようなしくみになっています。

【土地、家屋と償却資産に区分する】

　固定資産税は、固定資産を「土地」「家屋」「償却資産」の3つに区分して課税価額を計算します。土地と家屋については、市町村や都税事務所などの課税する側が評価額を算出し、納税額を通知してくる方式ですが、償却資産については、その所有者が毎年1月1日現在において所有している資産を申告し、その申告にもとづいて課税側が納税額を算出して納付書を発行する形がとられています。償却資産の固定資産税を「償却資産税」といい、その申告期限は毎年1月31日とされています。

【償却資産とは】

　固定資産税の課税対象になる償却資産とは、土地、家屋以外の事業の用に供することができる資産で、減価償却するもののうち、少額減価償却資産、一括償却資産以外のものをいいます。また、無形固定資産、自動車税・軽自動車税が賦課される自動車、軽自動車は除かれます。

【固定資産の評価のしかた】

　家屋（建物）と土地については、減価償却とは関係なく総務大臣が定めた固定資産税評価額によって評価されますが、償却資産については、それぞれの資産の取得年月、取得価額、耐用年数に応じ、一定の減価を行なった金額が評価額となります。また、免税点も設けられていて、それぞれの市町村における合計額が土地で30万円、家屋で20万円、償却資産だと150万円未満の場合は課税されません。

　会社が設備投資をする場合、その取得価額ばかりに気をとられがちですが、この償却資産税も頭に入れておかないと、あとで納税資金が不足することも考えられるので注意が必要です（☞156ページ）。

4章

資産の種類ごとの減価償却のポイント

機械装置

器具備品

　3章で減価償却の方法として最もポピュラーな定額法と定率法による償却費の具体的な計算方法をみてきましたが、実務で減価償却を取り扱うためには、まだまだ知っておかなければならないことがあります。ここでは、実務処理の細かい話に入る前に、まずは具体的な「資産の種類ごとのポイント」についてみていきましょう。

28 建物の減価償却ポイント①
建物と建物附属設備をしっかり分ける

「建物」とは

　会社が所有する資産のなかでも大きなウエートを占めるのが「建物」です。本社社屋や工場、営業所、倉庫などなど、会社が所有する建物にもさまざまなものがあります。

　この建物は、一般的に使用可能期間が長期間にわたると考えられ、減価償却資産のなかでも耐用年数が長く、取得するために支出した資金を回収するのに長い年月がかかるのが一般的です。

　一方、会計や税務の世界では「建物」と似ているけれど区別するべき資産の種類として、電気設備や給排水設備などの「建物附属設備」が存在しますが、その耐用年数は「建物」と比較して短くなっています。

　ですから、支出した資金の早期回収をするうえで、また正確な減価償却費の計算をするためにも、「建物」と「建物附属設備」をしっかりと分けることがポイントになります。

- 投下資本の早期回収の実現
- 正確な減価償却費の計算の実現

→「建物」と「建物附属設備」をしっかり区分！

「建物」と「建物附属設備」の分け方

　建物と建物附属設備を区別するポイントは次のとおりです。

建　　物　＝　● 土地の上に定着しているものである
　　　　　　　● 壁や屋根で囲われている

建物附属設備　＝　建物の本体に固定して設置された各種の設備
　　　　　　　　（電気設備や給排水設備、冷暖房設備など）

◎建物と区別すべき建物附属設備とは◎

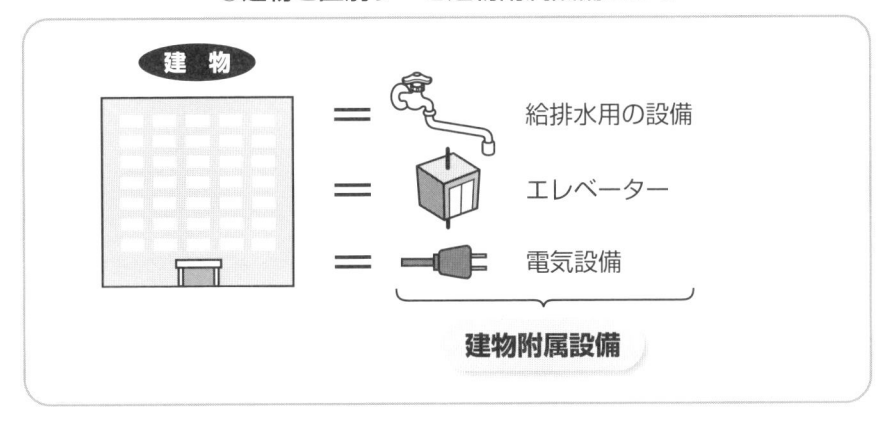

建物 = 給排水用の設備
建物 = エレベーター
建物 = 電気設備
　　　　　　　建物附属設備

見積書や工事請負書、契約書の内容をしっかりチェック！

　建物を新築で取得する場合、まるごとゼネコンやハウスメーカー、工務店などに注文することが多く、建物附属設備だけを他社に委託して設置してもらうようなことはあまりありません。

　したがって、建物と建物附属設備を区分するためには、受注者が発行する契約書や工事請負書などの書類の中身をチェックして、金額をきちんと区分することが必要になります。

◎建物の工事請負契約書をもとに区分する◎

新築工事請負契約書

		小　計	金　額	
本体工事			13,000,000	建物
①基礎工事		8,000,000		
②鉄筋工事		2,000,000		
③木工事		1,000,000		
③内装工事		2,000,000		
設備工事			7,000,000	建物附属設備
	給水設備	1,500,000		
	排水設備	1,500,000		
	エレベーター設備	3,000,000		
	空調設備・ダクト工事	1,000,000		
合　計			20,000,000	

※建物の範囲とは、
　主要物：建物の基礎、柱、壁、はり、階段、窓、床など
　建具など：畳、ふすま、障子、ドア、リノリュームなど一体不可分の造作物

29 建物の減価償却ポイント②
建物の取得価額と耐用年数

建物の取得価額に含まれるもの・含まれないもの

建物の取得価額に含めなければならない項目は次のようなものです。

- 建物本体の価額
- 内部造作の価額
- 起工式や上棟式などの祭事費用
- 建設のために発生する住民対策費や公害補償費用など

逆に、次のような項目は、建物を取得する際に支出していても、取得価額に含めなくてよいことになっています。

- 不動産取得税や登記に要する登録免許税などの税金
- 登記に要する司法書士などへの手数料
- 道路の舗装などに要する費用（「構築物」に計上）

建物の構造は主要部分の構造で判定する

　建物の耐用年数は、まず鉄筋コンクリート造とか木造など、建物の「構造」により8つに区分され、さらに「用途」や「使用条件」などにより細分化されています。

　建物の構造は、その建物の柱や壁、はりなどの主要な部分が、主にどの構造で造られているかにより判断します。また、「金属造のもの」とはH鋼などによる鉄骨造のものをさしますが、この場合はその骨格材の厚さ（＝肉厚）により耐用年数も変わってきます。

　2つ以上の構造で構成される建物は、たとえば鉄筋コンクリート3階建ての上に木造の建物を建設し、4階建てにした場合などのように、構造別に判断することが可能で、かつ、一般的に見て別の建物であると判断できるような場合であれば、それぞれを区分してそれぞれの耐用年数

◎**建物の耐用年数表**（別表第一より抜粋）◎

構造又は用途	細目	耐用年数（年）
鉄骨鉄筋コンクリート造又は鉄筋コンクリート造のもの	事務所用又は美術館用のもの及び下記以外のもの	50
	住宅用、寄宿舎用、宿泊所用、学校用又は体育館用のもの	47
	飲食店用、貸席用、劇場用、演奏場用、映画館用又は舞踏場用のもの	
	飲食店用又は貸席用のもので、延べ面積のうちに占める木造内装部分の面積が3割を超えるもの	34
	その他のもの	41
れんが造、石造又はブロック造のもの	事務所用又は美術館用のもの及び下記以外のもの	41
	店舗用、住宅用、寄宿舎用、宿泊所用、学校用又は体育館用のもの	38
金属造のもの（骨格材の肉厚が4ミリメートルを超えるものに限る。）	事務所用又は美術館用のもの及び下記以外のもの	38
	店舗用、住宅用、寄宿舎用、宿泊所用、学校用又は体育館用のもの	34
	飲食店用、貸席用、劇場用、演奏場用、映画館用又は舞踏場用のもの	31
木造又は合成樹脂造のもの	事務所用又は美術館用のもの及び下記以外のもの	24
	店舗用、住宅用、寄宿舎用、宿泊所用、学校用又は体育館用のもの	22
木骨モルタル造のもの	事務所用又は美術館用のもの及び下記以外のもの	22
	店舗用、住宅用、寄宿舎用、宿泊所用、学校用又は体育館用のもの	20

を適用します。

建物の用途で耐用年数が決定する

　建物は、その使用目的でいわゆる「持ち」が変わってくると考えられます。たとえば、事務所としての用途では、一定の人間が比較的静かに利用すると考えられますが、飲食店や劇場、映画館など、不特定多数の人間が利用するような場合は、事務所と比べて耐用年数が短くなると考えるのは合理的であるといえます。

　このような意味で建物の耐用年数は、その用途によっても細分化されているのです。

30 建物の減価償却ポイント③
建物の取扱いで注意すべきこと

建物の用途が1つではない場合は

　たとえば、1階が店舗、2階から4階までが貸しマンション、5、6階が映画館などといったように、建物が1つの用途のために使われるのではなく、数種類の用途に利用されることは珍しくありません。

　このような場合において、それぞれの用途に使用するために、建物に特別な内部造作などを施している場合には、1階を店舗用、2階から4階までを住宅用、5、6階を映画館用というように、それぞれを区分して耐用年数を適用してもよいことになっています。

◎2以上の用途に供される建物の耐用年数◎

鉄骨鉄筋コンクリート造

シネマコンプレックス

- 5、6階：映画館用 → 耐用年数　41年
- 2階〜4階：住宅用 → 耐用年数　47年
- 1階：店舗用 → 耐用年数　39年

オコジマ電機

（それぞれの用途に応じた特別な内部造作等を施設している場合に限ります。）

このように耐用年数を区分してもよい

　しかし、たとえば、ビルの地下に電気制御室があるような場合は、建物全体を維持するのに、補助的に必要なものであると考えられるので、その制御室のみを単体で区分するようなことはできません。

内部造作の取扱い

　壁や床、天井など、建物の内部に施された造作（いわゆる内装）を「内部造作」といいますが、たとえば、鉄筋コンクリート造の飲食店用の建

物の内装を和食にそったイメージで木材を多用したとしても、通常はその内部造作を単体で区分して耐用年数をあてはめるのではなく、建物に含めてその建物の耐用年数を適用します。ただし、木造内装部分の面積が全体の3割を超える場合は耐用年数が短くなります。

他人の建物に内部造作を施した場合

他人の建物のフロアを賃借し、店舗用などの内部造作を施したような場合はどうでしょうか。

この場合は、その施した内部造作を1つの「建物」に属する資産として耐用年数を考えますが、その際には建物の耐用年数やその造作の構造、用途、材質などにより、個々に合理的に見積もった耐用年数から全体としての耐用年数を見積もって適用します。

ただし、その賃貸契約に契約期間が明示され、それ以降の更新ができないような場合、つまり建物を賃貸使用できる期間が限られており、その期間終了後に有益費の請求や買取り請求ができないような場合は、その**賃貸期間を耐用年数**としてもよいことになっています。

◎賃借建物に施した内部造作の耐用年数◎

建物の用途：事務所用		
造作の内容：OAフロア（コンクリート製） 取得価額	30万円
造りつけの書棚　　　　　　　取得価額	50万円
その他の木造内装　　　　　　取得価額	70万円
合計	150万円

⬇

（耐用年数の見積）

項　目	勘案した項目	個別年数	取得価額	年要償却額
OAフロア	建物附属設備、前掲のもの以外のもののその他のもの	10年	30万円	3万円
書棚（木造）	器具備品、その他の家具のその他のもの	8年	50万円	62,500円
木造内装	木造建物の事務所用	24年	70万円	29,166円
合　　計			150万円	121,666円

見積耐用年数 ＝ 150万円÷121,666円 ＝ **12年**

31 建物の減価償却ポイント④
建設中の建物の取扱いは？

建設中の建物は「建設仮勘定」で処理する

　建物を建設する場合、その規模が大きければ大きいほど、建設に費やされる時間や建築費も多くなることでしょう。

　そのような場合、建設会社への支払条件でよくあるのは、手付金、中間金、完成引渡し時の残金の支払いというように、数回に分けて支払いを行なうパターンです。

　このようなときに、たとえば、手付金と中間金を支払い、建物の完成の前に決算をむかえた場合、決算書にはどのように表示するのでしょうか。

　この場合は、「建設仮勘定（けんせつかりかんじょう）」という資産勘定によって支払済みの金額を表示します。

建設仮勘定は減価償却しない

　減価償却資産は事業の用に供されてはじめて減価償却費の計算ができるので、建設仮勘定は減価償却しません。建物が完成し、引き渡された際に、建物勘定や建物附属設備勘定などに振り替えられ、事業の用に供された段階で減価償却がスタートします。

　なお、建物の全体が完成する前に一部分が完成し、その部分を一足先に事業の用に供した場合には、その部分のみ減価償却することは可能です。

　また、建設工事を自社が自ら行なう場合の「建設仮勘定」は、建設に要した材料費や労務費、外注費などの経費が集計され、完成時に各資産勘定に振り替えられます。

◎建設仮勘定の経理処理◎

契約時
① 手付金の支払い

本社社屋の建設を委託する契約を結び、手付金として100万円を支払った。

建設仮勘定　100万円／現金預金　100万円

建築開始
② 中間金の支払い

契約に従い、建築開始時に中間金として1,000万円支払った。

建設仮勘定　1,000万円／現金預金　1,000万円

完成・引渡
③ 残金の支払い

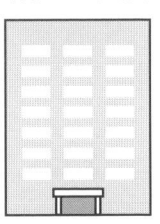

建物が完成し、引渡しを受けた。契約に従い、残金の900万円を支払った。

建設仮勘定　900万円／現金預金　　900万円
建物など　2,000万円／建設仮勘定　2,000万円

事業に供用され、減価償却開始！

32 建物附属設備の減価償却ポイント
建物附属設備に含まれるものとは

建物附属設備の代表的なもの

「建物附属設備」は、建物に取り付けられ、建物と一体となって機能する設備をいい、それぞれの区分に応じ、建物とは別個に耐用年数を適用します。代表的な建物附属設備には、次のようなものがあります。

①電気設備

受配電盤、変圧器、蓄電器、配電施設などの電気設備、照明の配線や設備など（工場用の建物である場合は、受配電盤施設は機械装置に含まれます）。

②給排水設備

給水・排水用のポンプ、配管、建物に附属するタンクなどの附属品。

③衛生設備

用水管、水槽、便器、配管およびこれらの附属品。

④ガス設備

ガス配管およびその附属品。

⑤冷房・暖房設備

冷却装置、送風装置、ダクトおよびこれらの附属品。なお、ダクトなどで広範囲を冷やすタイプではないエアコンは「器具及び備品」に該当します。

⑥店用簡易装備

ルーバーや壁板など、小売店舗や飲食店などが装飾を兼ねて設置する造作や、陳列棚（器具及び備品に該当するものを除く）、カウンターなど短期間内に取替えが見込まれるもの。

⑦可動間仕切り

事務所などのフロアを仕切って使用するための間仕切りのうち、取り外し・再使用ができるパネル式またはスタッド式などのもの。

◎建物附属設備の耐用年数表（別表第一より抜粋）◎

構造又は用途	細目	耐用年数（年）
電気設備（照明設備を含む。）	蓄電池電源設備	6
	その他のもの	15
給排水又は衛生設備及びガス設備		15
冷房、暖房、通風又はボイラー設備	冷暖房設備（冷凍機の出力が22キロワット以下のもの）	13
	その他のもの	15
昇降機設備	エレベーター	17
	エスカレーター	15
消火、排煙又は災害報知設備及び格納式避難設備		8
エヤーカーテン又はドアー自動開閉設備		12
アーケード又は日よけ設備	主として金属製のもの	15
	その他のもの	8
店用簡易装備		3

知っトク！ ソーラーシステムの耐用年数

　会社や家庭の節電対応が求められているなか、太陽光発電のためのソーラーシステムの設置は大幅に増加すると見込まれています。以前より普及が進んでいる太陽熱温水器については、次のように取り扱います。
- 工場や社宅の屋上に設置し、給湯や暖房、動力の補助などに利用する場合
→ 建物附属設備（15年）
- 一般家庭のものと同規模のもの → 器具及び備品（15年か8年）

　これから普及が進むと思われる太陽光発電システムについては、次のように取り扱われると考えられます。
- ある程度の規模を有するもの → 機械及び装置の電気業用設備（17年）
- 一般家庭用のものと同規模のもの → 器具及び備品（15年か8年）

　ただし、いずれの場合も工場に設置され、もっぱら製造工程で使用する場合は機械及び装置の、その業種用設備の耐用年数を使用すると考えられます。

33 構築物の減価償却ポイント
構築物にはどんなものが含まれるのか

構築物で注意すべきもの

「構築物」とは、土地に定着する建物以外の建造物で、具体的には、**橋やトンネル、舗装道路、へい、広告塔**などがあります。

この構築物の耐用年数は、まず用途で区分され、用途の明示がない場合はその構造により区分し、細目に該当する耐用年数を適用します。

構築物については、特に次の点に注意が必要です。

①広告用のもの

野立看板や広告塔のように、広告のために構築された建造物などをいいますが、広告用のネオンサインは「器具及び備品」に該当します。

②緑化施設

植栽された樹木や芝生、並木、生垣など、一体となって緑化の用に供されるものをいいます。また、緑化のために設備する散水用の配管や排水溝などの土工施設もこれに含まれます。しかし、ゴルフ場の芝生などのように、緑化としての設備でなく本来の機能を果たすために設備されたものは緑化施設には含まれません。

③庭園

泉水、池、灯篭、花壇、植樹等で構成されるもので緑化施設に該当しないものをいいます。

ガレージの耐用年数は？

建物の1階部分や地下部分がガレージ（駐車場）になっている場合は、その建物の機能を果たすために必要な補助部分という考え方から、その建物と区分しないで建物の一部として減価償却をします。

しかし、建物とは別に、支柱に屋根を取り付けた形のガレージは、壁により外界と隔絶した構造物とは認められないので、建物ではなく構築物に該当します。この場合の耐用年数は、ガレージの主要構造がどうな

◎構築物の耐用年数表（別表第一より抜粋）◎

構造又は用途	細　　目	耐用年数（年）
鉄道業用又は軌道業用のもの	軌条及びその附属品	20
	まくら木	
	木製のもの	8
発電用又は送配電用のもの	小水力発電用のもの（農山漁村電気導入促進法に基づき建設したものに限る。）	30
	その他の水力発電用のもの（貯水池、調整池及び水路に限る。）	57
電気通信事業用のもの	通信ケーブル	
	光ファイバー製のもの	10
広告用のもの	金属造のもの	20
	その他のもの	10
鉄骨鉄筋コンクリート造又は鉄筋コンクリート造のもの（前掲のものを除く。）	水道用ダム	80
	トンネル	75
	橋	60
石造のもの（前掲のものを除く。）	岸壁、さん橋、防壁（爆発物用のものを除く。）、堤防、防波堤、上水道及び用水池	50
	乾ドック	45

っているかにより判断し、金属造の場合には「その他のもの」に該当し、耐用年数は45年になります。

また、屋外の立体駐車場設備（鉄骨柱のもので、屋根や壁のないもの）は平成20年度の税制改正により追加された「露天式立体駐車設備」に該当することになり、耐用年数は15年になります（カーリフトが設置されている場合は、そのカーリフトについては機械装置に分類されます）。

◎駐車場と資産の種類の区分◎

- 建物の1階や地下にあるガレージ　➡「建物」
- 屋外の壁なし駐車場　➡「構築物」（主要構造により判定）
- 屋根や外壁のない屋外立体駐車場（柱が鉄骨造のもの）
　➡「構築物」（露天式立体駐車設備に該当）

34 機械装置の減価償却ポイント
機械装置の耐用年数の決め方

個々の耐用年数は決められていない

「機械装置」とは、製造業者が製品を製造するために使用する製造設備や、建設業者が工場や工事現場で使用する建設機械などをいいます。

この機械装置は、他の減価償却資産とは違い、個々の耐用年数は定められていません。では、どうやって耐用年数を決定するのでしょうか。

「何を製造するための設備か」に着目する

たとえば、和菓子を製造するメーカーがまんじゅうや団子に使う餡子（あんこ）を練る機械を購入したとします。

しかし、機械装置の耐用年数を定めている「耐用年数省令別表第二」には「餡子練設備」などというような、個々の設備の内容による耐用年数の規定はありません。じつは、この餡子を練る設備は、同別表第二の「1．食料品製造業用設備」という設備の種類に該当し、耐用年数は10年ということになります。

このように、機械装置の耐用年数を決定する際に重要になるのは、その設備が**客観的・一般的に見て「何業用の設備か」**ということです。

では、和菓子の製造メーカーが製品を日本各地に配送するために所有している配送センターにおける設備はどうでしょうか。

その一連の設備が荷役、倉庫業などで使用されている設備と同様なものである場合には、同別表第二の「41．運輸に附帯するサービス業用設備」に該当し、耐用年数は同じく10年となると考えられます。

同じ考え方により、その和菓子製造メーカーの工場に社員食堂が設けられている場合のその厨房設備は、同別表第二の「48．飲食店業用設備」に該当し、耐用年数は8年になると考えられます。

この「何業用の設備か」を判断する際には、原則として日本標準産業分類の中分類によることとされています。

なお、機械装置の資産区分は、以前は390区分存在しましたが、平成

◎機械装置の耐用年数表（別表第二より抜粋）◎

番号	設備の種類	細目	耐用年数（年）
1	食料品製造業用設備		10
2	飲料、たばこ又は飼料製造業用設備		10
3	繊維工業用設備	炭素繊維製造設備	
		黒鉛化炉	3
		その他の設備	7
		その他の設備	7
4	木材又は木製品（家具を除く。）製造業用設備		8
5	家具又は装備品製造業用設備		11
6	パルプ、紙又は紙加工品製造業用設備		12
7	印刷業又は印刷関連業用設備	デジタル印刷システム設備	4
		製本業用設備	7
		新聞業用設備	
		モノタイプ、写真又は通信設備	3
		その他の設備	10
		その他の設備	10
53	自動車整備業用設備		15
54	その他のサービス業用設備		12
55	前掲の機械及び装置以外のもの並びに前掲の区分によらないもの	機械式駐車設備	10
		その他の設備	
		主として金属製のもの	17
		その他のもの	8

20年の税制改正において大幅に大括り化され、現在では55区分となっています。

知っトク！　機械の考え方

　減価償却資産が機械装置に該当するかどうかを判定する際には、「剛性のある物体から構成されている」「一定の相対運動をする機能を持っている」「それ自体が仕事をする」という３つの要件を充足していれば機械である、と覚えておきましょう。耐用年数表における機械も、基本的にはこの３要件に基礎を置いており、航空機や車両などの資産に該当するものを除いたものが資産の種類の「機械」となります。

35 船舶・航空機の減価償却ポイント

船舶と航空機の耐用年数の取扱い

船舶の耐用年数

　「船舶」とは、客船や漁船、タンカー、輸送船、掘削船からクルーザーやモーターボートなど、いわゆる船のことをいいます。

　そして、船舶法第4条から第19条までの規定の適用を受ける船舶とそれ以外の船舶とに大別し、それらをさらに鋼船（主要な部分が鋼鉄でできている船）や木船（主要な部分が木でできている船）、軽合金船などの船舶の種類で区分して、その用途により耐用年数が定められています。

船舶に搭載される機器などの備品は

　船舶安全法やその関係法規により、船舶に搭載することが義務づけられている救命ボートや通信機器その他の法定備品は、搭載する船舶の耐用年数を一括して適用します。

　これら以外の器具備品、機械装置で船舶に常時搭載するものについては、原則的にはその船舶の耐用年数を適用しますが、船舶と区分してその備品などのそれぞれの耐用年数を適用することもできます。

しゅんせつ船の取扱い

　しゅんせつ船とは、海底や川底の砂利を掘削する船舶をいいますが、このしゅんせつ船に搭載されている掘削機やポンプ、原動機などの作業機器は船舶の一部を構成されるものと考えられるので、その船舶と一括して同様の耐用年数を適用します。

航空機の耐用年数

　「航空機」とは、人や物を搭載して航空の用に供する機器をいい、耐用年数を求める際には飛行機（機体に装備された機関により推進力を得て、固定翼により浮力を生ずる航空機）とそれ以外の航空機に区分して、さらに細目により区分します。

◎船舶・航空機の耐用年数表（別表第一より抜粋）◎

種類	構造又は用途	細目	耐用年数（年）
船舶	船舶法第4条から第19条までの適用を受ける鋼船		
	漁船	総トン数が500トン以上のもの	12
		総トン数が500トン未満のもの	9
	油そう船	総トン数が2,000トン以上のもの	13
		総トン数が2,000トン未満のもの	11
	薬品そう船		10
	その他のもの	総トン数が2,000トン以上のもの	15
		総トン数が2,000トン未満のもの 　しゅんせつ船及び砂利採取船 　カーフェリー 　その他のもの	10 11 14
	船舶法第4条から第19条までの適用を受ける木船		
	漁船		6
	薬品そう船		8
	その他のもの		10
航空機	飛行機	主として金属製のもの 　最大離陸重量が130トンを超えるもの 　最大離陸重量が130トン以下のもので、5.7トンを超えるもの 　最大離陸重量が5.7トン以下のもの その他のもの	10 8 5 5
	その他のもの	ヘリコプター及びグライダー その他のもの	5 5

なお。耐用年数表の航空機の細目に「最大離陸重量」による区分がありますが、この最大離陸重量とは、その飛行機の構造に応じて飛行機が離陸する際に積載することが許容されている最大の重量をいいます。

知っトク！　無人リモコンヘリコプターの取扱い

農業を営む場合の農薬散布用途などで使用する無人のリモコンヘリコプターは、航空法の適用がないために「航空機」の「ヘリコプター」には該当しません。農業用であれば別表第二の「25　農業用設備」、つまり機械装置に該当し、この他の用途の場合でも全備重量30kg程度のものであれば、別表第一の「器具備品」に該当すると考えられます。

36 車両運搬具の減価償却ポイント
車両運搬具の耐用年数の取扱い

車両運搬具とは

「車両運搬具」とは、人や物を運搬することを目的とする陸上運搬車をいいます。エンジンが付いているかどうかは問わないので、たとえば、自転車やリヤカーなども車両運搬具に該当します。

この車両運搬具は、まず、「鉄道用・軌道用車両」「特殊自動車」「運送事業用・貸自動車業用・自動車教習所用車両運搬具」「その他」の4つに大別され、さらに、その車両の種類や積載量、総排気量などで細かく耐用年数が区分されています。

なお、作業現場での掘削や積込みなどの作業が主目的である車両は、「機械装置」に該当します。

特殊自動車とは

「特殊自動車」とは、消防車、救急車、除雪車、塵芥車、トラックミキサーなど、特殊な設備を施した車両のことをいいます。

ブルドーザーやパワーショベル、トラッククレーン、コンクリートポンプ車などのように、人や物の運搬を目的としないで、作業場において作業をすることを目的とするものは、この特殊自動車には該当せずに、「機械装置」（耐用年数は何業用の設備かで判断）に該当します。

運送事業用、貸自動車業用とは

「運送事業用」の車両運搬具とは、道路運送法第4条の規定、または貨物自動車運送事業法第3条の規定により、国土交通大臣からの免許・許可を受けた者が自動車運送事業の用に供するために登録した車両および運搬具をいいます。

一方、「貸自動車業用」とは、不特定多数の者に一時的に自動車を賃貸する、いわゆる「レンタカー」業をいいます。

特定の者に長期間車両を貸与する、いわゆる「リース」事業用の車両

◎車両運搬具の耐用年数表（別表第一より抜粋）◎

構造又は用途	細目	耐用年数（年）
鉄道用又は軌道用車両（架空索道用搬器を含む。）	電気又は蒸気機関車	18
	電車	13
	内燃動車（制御車及び附随車を含む。）	11
	貨車	
	高圧ボンベ車及び高圧タンク車	10
	薬品タンク車及び冷凍車	12
	その他のタンク車及び特殊構造車	15
	その他のもの	20
運送事業用、貸自動車業用又は自動車教習所用の車両及び運搬具（前掲のものを除く。）	自動車（二輪又は三輪自動車を含み、乗合自動車を除く。）	
	小型車（貨物自動車にあっては積載量が2トン以下、その他のものにあっては総排気量が2リットル以下のものをいう。）	3
	その他のもの	
	大型乗用車（総排気量3リットル以上のものをいう。）	5
	その他のもの	4
	乗合自動車	5
	自転車及びリヤカー	2
	被けん引車その他のもの	4
前掲のもの以外のもの	自動車（二輪又は三輪自動車を除く。）	
	小型車（総排気量が0.66リットル以下のものをいう。）	4
	その他のもの	
	貨物自動車	

の場合は、貸与された側の実際の用途に応じた耐用年数を適用します。

リサイクル預託金の取扱い

　車両を購入する際に負担する「リサイクル預託金」は、廃車にするときに初めて費用となりますので、購入時の処理としては車両の取得価額やその他の費用にするのではなく、「預託金」や「長期前払費用」などの資産として処理します。

知っトク！　附属品の取扱い

　車両に常時搭載するカーステレオ、カーナビ、無線通信機器、エアコン、工具、スペアタイヤなどは、車両と一括してその耐用年数を適用します。

37 工具の減価償却ポイント
工具にはどんなものがあるのか

工具とは

「工具」とは、工場や作業現場で使用される工作用具をいいます。耐用年数表の別表第一を見ると、測定工具及び検査工具、治具及び取付工具などのほか、金属製柱及びカッペ（鉱業の坑道で使用するもの）や活字なども含まれており、一般的な工具の概念よりもやや広い範囲のものまで工具として規定されています。

なお、工具の種類や数が多く、それらすべてを細かく分類して耐用年数を適用させることが煩雑で難しい場合には、すべて一括して耐用年数表の「前掲の区分によらないもの」として取り扱うこともできます。

工具と機械装置の区分のしかた

工具と機械装置の区分について、じつは明確な規定はありません。しかし、工具全体の耐用年数が短めであることや、工具の別表第一の区分が別表第二の機械装置の区分より詳細で具体的であることを考えると、まず工具に該当するかを検討し、該当しないようであれば機械装置として取り扱うことも1つの考え方であると思われます。

また、工具の原則的な定義は、次のことを満たすものであるといわれています。

- ●機械作業の補助手段に用いる
- ●運動の転換機能がない
- ●それ自体は作業をしない（手動である）

したがって、これらの特徴をもつ資産は工具として取り扱い、たとえば専用工作機械の部分品などで、その機械の一部を機構的に構成するものは機械装置の一部として取り扱うことにより、工具と機械装置を区分する方法も考えられます。

◎工具の耐用年数表（別表第一より）◎

構造又は用途	細目	耐用年数（年）
測定工具及び検査工具（電気又は電子を利用するものを含む。）		5
治具及び取付工具		3
ロール	金属圧延用のもの	4
	なつ染ロール、粉砕ロール、混練ロールその他のもの	3
型（型枠を含む。）、鍛圧工具及び打抜工具	プレスその他の金属加工用金型、合成樹脂、ゴム又はガラス成型用金型及び鋳造用型	2
	その他のもの	3
切削工具		2
金属製柱及びカッペ		3
活字及び活字に常用される金属	購入活字（活字の形状のまま反復使用するものに限る。）	2
	自製活字及び活字に常用される金属	8
前掲のもの以外のもの	白金ノズル	13
	その他のもの	3
前掲の区分によらないもの	白金ノズル	13
	その他の主として金属製のもの	8
	その他のもの	4

知っトク！　「前掲のもの以外のもの」とは

耐用年数表中の「前掲のもの以外のもの」に該当する資産は次のようなものです。
①作業工具…レンチ、スパナ、ドライバーなど
②運搬工具…ジャッキ、チェンブロックなど
③建設用、造船用又は鉱山用工具…シャベル、スコップ、つるはしなど
④ねん糸製造設備及び織物設備等に使用される工具…ボビン、シリンダーなど

38 器具備品の減価償却ポイント
器具備品の耐用年数の取扱い

器具備品は資産の属性に着目する

　会社の経理を担当するうえで、一番お目にかかる機会が多いのがこの**「器具備品」**でしょう。耐用年数省令の別表第一では、11の区分に分類され、さらに性質や用途により細かく耐用年数が定められています。

　たとえば、扇風機は別表のなかの細目欄に、品目名としては掲げられていませんが、属性としては区分1の「冷房用又は暖房用機器」に含まれます。このように、器具備品については、その資産の属性に着目してそれに適合した耐用年数を適用します。

該当する区分がない場合はどうする？

　器具備品の11区分のうち、11番目の「前掲のもの以外のもの」とは、1～10の区分には該当しない「その他の器具備品」が該当します。

　また、書籍、消火器、傘などは、この11の区分のなかの「その他のもの」に該当します。

多種多様な器具備品をまとめて取り扱いたい場合は

　器具備品の11の区分の次に、①「前掲する資産のうち、当該資産について定められている前掲の耐用年数によるもの以外のもの」および②「前掲の区分によらないもの」という項目があります。これらは以下のような方法をとりたい場合に適用する項目です。

①器具備品の主要なものだけ1～11の区分により、残りのものすべてを一括してこの耐用年数を適用する方法（事務の煩雑さを低減させたい場合など）
②器具備品のすべてを一切区分せずに、すべてを一括してこの耐用年数を適用させる方法（①よりいっそう事務の煩雑さを低減させたい場合など）

◎器具備品の耐用年数表（別表第一より抜粋）◎

構造又は用途	細目	耐用年数（年）
1 家具、電気機器、ガス機器及び家庭用品（他の項に掲げるものを除く。）	事務机、事務いす及びキャビネット 　主として金属製のもの 　その他のもの	 15 8
	応接セット 　接客業用のもの 　その他のもの	 5 8
	ベッド	8
	児童用机及びいす	5
	陳列だな及び陳列ケース 　冷凍機付又は冷蔵機付のもの 　その他のもの	 6 8
2 事務機器及び通信機器	謄写機器及びタイプライター 　孔版印刷又は印書業用のもの 　その他のもの	 3 5
	電子計算機 　パーソナルコンピューター（サーバー用のものを除く。） 　その他のもの	 4 5
	複写機、計算機（電子計算機を除く。）、金銭登録機、タイムレコーダーその他これらに類するもの	5
	その他の事務機器	5
	テレタイプライター及びファクシミリ	5
	インターホーン及び放送用設備	6
	電話設備その他の通信機器 　デジタル構内交換設備及びデジタルボタン電話設備 　その他のもの	 6 10
5 看板及び広告器具	看板、ネオンサイン及び気球	3
	マネキン人形及び模型	2
	その他のもの 　主として金属製のもの 　その他のもの	 10 5
6 容器及び金庫	ボンベ 　溶接製のもの 　鍛造製のもの 　　塩素用のもの 　　その他のもの	 6 8 10
	ドラムかん、コンテナーその他の容器	

39 特許権等の減価償却ポイント①
無形減価償却資産にはどんなものがあるか

無形減価償却資産とは

「無形減価償却資産」とは、有形減価償却資産とは違い、モノとしての形のない法律上や事実上の「権利」のことをいいますが、有形減価償却資産と同様に減価償却の対象になります。

この無形減価償却資産は、耐用年数省令の別表第三にそれぞれの資産の耐用年数が規定されています。ただし鉱業権だけは、別表第三ではなく、耐用年数省令の第一条第二項に規定されています。

無形減価償却資産の代表的なもの

代表的な無形減価償却資産としては、以下のものがあげられます。

①鉱業権

特定の区域で特定の鉱物を採掘して取得することができる権利です。行政庁の許可を受け、登録することにより、この「鉱業権」が発生します。

②漁業権

特定の水面で漁業を営むことができる権利です。都道府県知事などから免許を受けることにより、この「漁業権」が発生します。

③特許権

発明や発見の成果の享受を一定の期間、独占的に受けることができる権利です。特許庁の特許査定により認められ、登録することにより、この「特許権」が発生します。

④実用新案権

考案（アイデア）を独占的に使用することができる権利です。特許庁の方式審査を通して設定登録されることにより、この「実用新案権」が発生します。特許に比べ、簡易な手続きで早期に登録することができますが、保護範囲が狭い、権利の存続期間が短いなどのデメリットがあり

◎無形減価償却資産の耐用年数表（別表第三より抜粋）◎

種類	細目	耐用年数（年）
漁業権		10
ダム使用権		55
水利権		20
特許権		8
実用新案権		5
意匠権		7
商標権		10
ソフトウエア	複写して販売するための原本	3
	その他のもの	5

ます。

⑤**意匠権**

意匠（デザイン）を独占的に使用することができる権利です。美術品などと違い、工業的に大量生産できるデザイン（たとえば、自動車や衣服などのデザイン）が対象となり、登録査定により認められて登録することにより、この「意匠権」が発生します。

⑥**商標権**

社名や商品名、ブランド名などのロゴやマークは、自社のイメージや品質を購入者に想像させる効果をもっています。このブランド名やロゴやマークなどが対象となり、登録査定により認められて登録することにより、「商標権」が発生します。

⑦**営業権**

金銭などを支払って他社から営業譲渡を受けた際に、譲り受けた資産・負債の差額より支払った金額が多い場合は、その差額を「営業権」として資産計上します。合併などの組織再編の際にも営業権が発生することがあります。

⑧**ソフトウエア**

41項（☞98ページ）で詳しく紹介します。

40 特許権等の減価償却ポイント②
無形減価償却資産の償却費の計算のしかた

無形減価償却資産にはもともと残存価額はない

無形減価償却資産は平成19年度の税制改正以前から残存価額はなく、0円まで償却することが可能です。1円の備忘価額を残すことになっていた有形減価償却資産とは大きく違うところですね。

また、無形減価償却資産の減価償却方法は、**定額法が強制適用**されますが、鉱業権については生産高比例法を適用することもできます。

無形減価償却資産の償却費の計算のしかた

無形減価償却資産の減価償却費の計算は、その取得日が平成19年3月31日以前か同年4月1日以後かによって、次のように取り扱われています。

---

①平成19年4月1日以後の取得の場合

　　減価償却費 ＝ 取得価額 × 定額法償却率

②平成19年3月31日以前の取得の場合

　　減価償却費 ＝ 取得価額 × 旧定額法償却率

◎有形減価償却資産と無形減価償却資産の償却費の比較◎

- 平成23年4月1日から減価償却する器具備品（耐用年数5年）と営業権の比較
- なお、器具備品については定額法を適用、取得価額は双方500万円（事業年度は4月1日から3月31日）
- 償却率は？ → 1÷耐用年数5年 → 0.200

事業年度	器具備品		営業権	
	計算式	償却費	計算式	償却費
平成24年3月期	500万円×0.200	100万円	500万円×0.200	100万円
平成25年3月期	同上	100万円	同上	100万円
平成26年3月期	同上	100万円	同上	100万円
平成27年3月期	同上	100万円	同上	100万円
平成28年3月期	①500万円×0.200＝100万円 ②期首帳簿価額100万円－1円 　＝999,999円 ①と②のいずれか少ないほう→②	999,999円	同上	100万円

備忘価額1円を残さない！

無形減価償却資産の事業供用日は

　無形減価償却資産のうち、漁業権および工業所有権（特許権、実用新案権、意匠権、商標権をいいます）については、その存続期間が経過することにより償却がされるべきものなので、その**取得日から事業の用に供したもの**として減価償却の計算をスタートさせます。

　その他の無形減価償却資産については、実際に事業の用に供された日から減価償却の計算を始めます。

41 ソフトウエア等の減価償却ポイント
ソフトウエアとHP作成費用の取扱い

ソフトウエアとは

　「ソフトウエア」とは、一般的に「ソフト」と呼ばれる、コンピュータに組み込むことによって一定の動作をさせる命令・手順のプログラムの総称です。たとえば、経理のソフトや在庫管理のソフト、表計算やワープロソフトも該当してきます。

　ソフトウエアは、たとえばCD-ROMにプログラムが書き込んである場合に、CD-ROMとしての形は見えますが、その中身であるプログラム自体は目に見えず、ソフトウエアの本質はそこにあるので、**無形減価償却資産**として取り扱われます。

　かつては購入ソフトウエアについて、繰延資産として取り扱われていたこともありますが、平成12年の税制改正により、ソフトウエアは無形減価償却資産に一本化して取り扱われることになりました。

ソフトウエアの取得価額

　ソフトウエアの取得価額は、他者から購入した場合と自社で製作した場合で以下のように違ってきます。

①**購入したソフトウエアの場合**
　購入代価＋購入に要した費用＋事業の用に供するために直接要した費用

②**自社で製作したソフトウエアの場合**
　原材料費＋労務費、経費＋事業の用に供するために直接要した費用

ソフトウエアの耐用年数

　ソフトウエアの耐用年数は、その利用が販売目的なのか、自社での使

用目的なのかにより、次のように変わってきます。

- 複写して販売するためのもの…3年
- 研究開発用のもの……………3年
- その他のもの…………………5年

ホームページの作成費用の取扱い

いまや規模の小さい会社でもホームページ（ＨＰ）を作成し、自社の宣伝をする時代です。このＨＰを作成するための費用は、以下のように取り扱うことになっています。

①**頻繁に内容が更新される場合＝一時の費用**

広告宣伝のためのＨＰですから、通常は、新たな製品の情報や自社の新着情報の開示など、頻繁に書換えを行なうものと考えられます。この場合、ＨＰの作成費用の効果は、1年以上は及ばないと考えられるので、その作成費用は支出した期の費用として計上します。

②**頻繁に内容が更新されない場合＝「無形減価償却資産」に該当**

この場合は、効果の発現が1年にとどまらないと考えられるので、無形減価償却資産のソフトウエア（その他のもの）に該当し、耐用年数5年で減価償却することになります。

③**作成費用のなかにデータベースやその他プログラムの作成費用が含まれる場合**

データベースなど、一度構築してしまえば何年かにわたり効果を発現するものが含まれる場合は、その部分についてはソフトウエアに該当し、5年で減価償却します。

④**ホームページ作成用のソフトを購入し、自分で作成した場合**

- ソフトの取得価額＝ソフトウエアとして無形減価償却資産に該当
  （ただし、10万円未満の場合は少額資産に該当し、一括費用計上）
- 作成のための労務費等の経費＝上記①～③の考え方を適用します。

42 生物の減価償却ポイント
生物でも減価償却が必要になることも

利用形態によって取扱いは変わる

　事業の用に供する「**生物**」については、その利用形態により減価償却資産に該当する場合があります。なぜなら、生物については当然、寿命があり、事業の用に供される期間も限りがあるからです。

　生物に関する取扱いについて、事業の用に供される用途別に考えてみましょう。

①観賞用の生物＝「器具備品」に該当

　動物園や水族館、会社の受付においてある水槽の熱帯魚などは、観賞用・興行用の生物として「器具備品」の生物に該当します。したがって、10万円未満のものは一括費用計上してもかまいません。

◎器具備品の耐用年数表（別表第一より）◎

構造又は用途	細　　目		耐用年数（年）
10　生物	植物		
		貸付業用のもの	2
		その他のもの	15
	動物		
		魚類	2
		鳥類	4
		その他のもの	8

②繁殖用の家畜、収穫用の果樹＝「生物」に該当

　繁殖を目的として育成・所有する牛、馬、豚など、あるいは収穫を目的として育成・所有する果樹などは、減価償却資産の生物に該当し、耐用年数省令別表第四にもとづいて減価償却を行ないます。

◎生物の耐用年数表（別表第四より抜粋）◎

種　類	細　目	耐用年数（年）
牛	繁殖用（家畜改良増殖法に基づく種付証明書、授精証明書、体内受精卵移植証明書又は体外受精卵移植証明書のあるものに限る。）	
	役肉用牛	6
	乳用牛	4
かんきつ樹	温州みかん	28
	その他	30
りんご樹	わい化りんご	20
	その他	29

③販売用の家畜＝「棚卸資産」に該当

　食肉用の家畜など、他者へ販売することを目的に育成・所有する家畜は棚卸資産に該当するので、減価償却の対象とはなりません。

生物は成熟してから減価償却を開始する！

　たとえば、果樹は成熟してから収穫が可能になりますし、繁殖用の牛馬でしたら繁殖ができるほどに成熟してはじめて繁殖の用に供することができるので、減価償却を開始するのは「その生物が成熟してから」ということになります。

　ただし、いつの時点で成熟したかという判断を実際に個々に行なうのはかなり煩雑なので、税法では一定の「成熟した年齢（樹齢）」を定め、これによることも認められているので一例をあげておきます。

- 牛…………満2歳
- 馬（農業使役用、競走馬用）…満2歳
- 馬（繁殖用）…満3歳
- 馬（種付用）……………満4歳
- かんきつ樹……満15年
- りんご樹………………満10年
- なし樹………満8年
- 桃樹…………………満5年

43 繰延資産の償却ポイント
繰延資産には会計上・税務上のものがある

繰延資産とは

資産は、売掛金や受取手形のように他の資産（たとえば、現金預金など）に交換することができますが、それができない資産が存在します。それが「**繰延資産**」です。

繰延資産とは、ある特定の目的のために支出した費用の効果が1年以上に及ぶ場合、「費用収益対応の原則」に則って、いまだ収益に対応していない部分の金額を資産として繰り延べたものをいいます。いわば「費用の繰延分」ですね。

会計上の繰延資産

会計の世界では、繰延資産を次の5つに限定しています。

区　　　分		償却期間
創 立 費	会社を設立する際、その登記などのために要した費用	5年
開 業 費	会社を設立した後、営業を開始するまでに要した費用	5年
開 発 費	新技術や新資源の開発、新事業の開始のために特別に要した費用	5年
株 式 交 付 費	会社設立後に新株等を発行するために要した費用	3年
社債等発行費	社債を発行するために要した費用	償還期限内

これらの税務上の取扱いは、会社が次の方法から選択することができることになっています。

- ●支出したときに全額費用として処理
- ●償却期間にわたって均等償却
- ●償却したいときに償却

　つまり、いつ費用として計上するかは会社の意思に任されている（**任意償却**）ということです。

税務上の繰延資産

　会計上の繰延資産とは別に、税法独自に定められている繰延資産もあります。

　具体的には、「同業者団体の会館建設費用負担金」「商店街のアーケードの設置負担金」「建物を賃借するときの権利金など」「ノーハウの設定契約にかかる頭金」「同業者団体等の加入金」などがあてはまります。

　これらの税務上の繰延資産は、支出した際に全額を費用とすることはできず、法定の償却期間にわたって償却することとされています。

　また、20万円未満のものについては、支出した際の費用として処理することができます。

　なお、税務上の繰延資産は会計上の繰延資産とは違い、貸借対照表上では「投資その他の資産」として表示するのが一般的です。

◎税務上の繰延資産の償却限度額の求め方◎

$$償却限度額 = 繰延資産の額 \times \frac{当該事業年度の月数（支出をした事業年度にあっては同日から事業年度終了までの月数）}{支出の効果の及ぶ期間の月数}$$

COLUMN

個人事業主と減価償却

　本書は法人（＝会社）を前提として減価償却の説明をしていますが、個人で事業をしている人（事業所得者）や不動産を賃貸している人（不動産所得者）が所有している資産についても減価償却の対象になります。ただし、法人と個人では若干違うところがあるので注意が必要です。

【法人は任意償却、個人は強制償却】
　法人税法では、減価償却費を計上するかどうかは法人の意思に任されています（＝任意償却☞147ページ）。しかし所得税法では、法定耐用年数に応じた減価償却費を必ず決算書上に計上しなければなりません。これを「強制償却」といいます。つまり法人では、任意償却が認められており、個人は認められていないということになります。

【個人の法定償却方法は定額法】
　法人税法では、減価償却資産についていくつかの償却方法が選択適用できる場合、その基本となる償却方法（＝法定償却方法）は定率法です。これに対し、所得税法における法定償却方法は定額法とされています。

【家事共用資産の減価償却は？】
　個人事業主や不動産所得者は、事業者としての側面とそうでない側面とがあります。たとえば、八百屋を営んでいる個人事業主が１階店舗、２階居宅として使用している建物は家事共用資産と呼び、１階部分については事業用の減価償却資産として減価償却費が必要経費に算入され、２階部分の減価償却費は事業の経費とはなりません。

　家事共用資産についての減価償却費の経費算入額では、「**事業供用割合**」を用いるのが一般的です。上記の例では、建物全体の面積のうち店舗として使用している部分の面積が占める割合が60％であるとしたら、建物全体の減価償却費のうち60％が必要経費に算入されます。

　この事業供用割合をどのように算定するかについては、決まったものがあるわけではなく、合理的に算出された割合であればよいとされています。建物であれば例にあげたような面積按分、自動車であれば事業で使用する走行距離の割合などが合理的区分の代表例です。

5章

減価償却の実務をこなすために必要な知識

(中古資産)　(少額資産)

減価償却のしくみや基本的なルール、そして、減価償却資産の種類ごとに会計処理や耐用年数のポイントをみてきました。しかし実際には、その知識だけでは、減価償却に関する実務をすべてこなすことはできません。そこでここでは、減価償却のいわば"各論"ともいうべき実務的な知識について、みていくことにしましょう。

44 中古資産の耐用年数①
中古資産を購入したときの減価償却

中古資産の耐用年数は短くなる？

　固定資産を購入しようとする場合に、中古品を購入することも選択肢の1つです。

　中古品は新品と比較して割安なことが多く、特に資金的な余裕があまりない場合や中古でも機能的に十分である場合などは、中古品を購入するメリットがあるといえるでしょう。

新車
【メリット】
- 使用可能期間が中古車よりも長い
- 未使用なので事故歴などがないのが明らか

【デメリット】
- 価格が高い

中古車
【メリット】
- 新車に比べ価格が安い

【デメリット】
- 使用可能期間が新車よりも短い
- 事故歴などの可能性

↓

中古車のほうにメリットがあると判断した場合に中古車を購入する。

　中古資産は同一の種類の新品に比べれば当然、耐用年数は短くなると考えられますが、問題は、耐用年数がどれくらい短くなるかです。

　中古資産の耐用年数については、次のいずれかによることになっています。

①その資産の法定耐用年数
②見積法…その中古資産の残りの使用可能期間を適正な方法で見積もり、耐用年数とする方法
③簡便法…見積法により残存使用可能期間を見積もることが困難な場合、一定の簡便な計算式を使って導き出した年数を耐用年数と

する方法

上記の３つの方法のうちどの方法の耐用年数を適用するかは、その中古資産を事業の用に供した期（事業年度）に決定しなければなりません。

見積法を採用することは実務上困難なことが多い

見積法による場合には、残りの使用可能期間を客観的に判断できるに足る資料が必要となります。それらが不十分な場合には、専門家や技術者などの特別な調査・判断などが必要になることも考えられます。

これらの要件を満足させるのは、実務においてはなかなか難しいといえます。ただ単に、新品からの経過年数だけが把握できているような場合だと、この見積法によらず、簡便法により残存耐用年数を計算することになります。

ただし、その経過年数すらわからないような場合には、逆に見積法によらざるを得ません。なぜなら、簡便法における残存耐用年数は、経過年数をもとに算出するからです。

つまり、購入した中古資産の経過年数が不明の場合には、**その資産の構造、形式、表示されている製造の時期などを勘案**して、その経過年数を見積もらなければなりません。

「残存耐用年数の見積りが困難な場合」とは

簡便法により残存耐用年数を計算することができるのは、その中古資産の残存耐用年数を見積もることが困難な場合ですが、この「見積りが困難な場合」とは、次のいずれかの場合をいいます。

①耐用年数の見積りのために必要な資料がないため、技術者等が積極的に特別の調査をしなければならない場合
②耐用年数の見積りのために多額の費用を要すると認められる場合

45 中古資産の耐用年数②
簡便法による耐用年数の計算のしかた

中古資産の残存耐用年数を見積法により算出することが困難な場合は、簡便法により以下のようにして残存耐用年数を算出します。

> ①法定耐用年数の全部を経過した資産
>   →その資産の法定耐用年数の20％を残存耐用年数とする。
>   「残存耐用年数＝法定耐用年数×20％」
> ②法定耐用年数の一部を経過した資産
>   →その資産の法定耐用年数の残りの期間に、経過した期間の20％を足した期間を残存耐用年数とする。
>   「残存耐用年数＝（法定耐用年数－経過年数）＋経過年数×20％」

なお、中古資産の残存耐用年数を計算するうえで、**1年未満の端数が生じた場合はこれを切り捨てます**が、その年数が2年未満となる場合は2年とします。

◎簡便法による耐用年数の計算例◎

① 耐用年数50年の建物を建築後50年6か月経過後時点で購入

法定耐用年数50年×20％
＝600月×20％
＝**10年** ← 1年未満の端数は切捨て

② 耐用年数50年の建物を建築後8年2か月経過時点で購入

（法定耐用年数50年－経過年数8年2か月）＋8年2か月×20％
＝（600月－98月）＋19月 ← まず月に直す
＝521月
＝**43年** ← 1年未満の端数は切捨て

◎中古資産に資本的支出をした場合のフローチャート◎

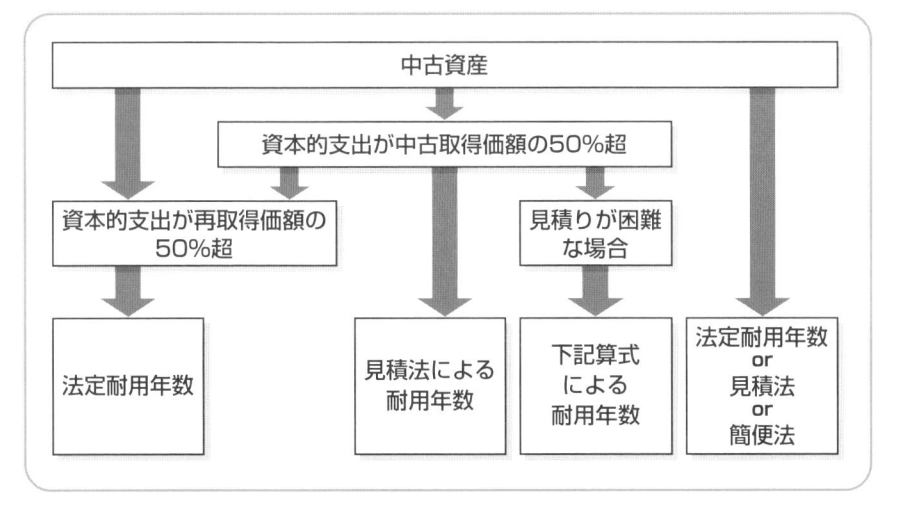

```
                        中古資産
                           │
        ┌──────────────────┼──────────────────┐
        │         資本的支出が中古取得価額の50％超
        │                  │
        │          ┌───────┼───────┐
 資本的支出が再取得価額の                見積りが困難
    50％超                              な場合
        │          │       │       │
        ▼          ▼       ▼       ▼
    法定耐用      見積法による  下記算式    法定耐用年数
      年数        耐用年数    による       or
                            耐用年数    見積法
                                        or
                                        簡便法
```

中古資産に改良を加えた場合の取扱い

①改良費が再取得価額の50％を超える場合 → 法定耐用年数

　中古で購入した資産を事業の用に供するために資本的支出（☞次ページ）をした場合に、その支出が中古資産の再取得価額（その中古資産と同じ資産を新品で購入した場合の価額）の50％を超える場合は、その中古資産の残存耐用年数は見積法や簡便法によることができず、その中古資産の法定耐用年数を適用しなければなりません。

　すでに見積法や簡便法を適用している中古資産について、上記と同様な資本的支出をした場合にも同じ取扱いになります。

②改良費が中古取得価額の50％を超える場合 → 見積法

　ただし、見積りのための資料がなかったり、見積りに多額の費用が必要な場合など見積法によることが困難な場合は、上記①に該当する場合を除き、次の算式により計算した年数を耐用年数とすることができます。

$$\text{中古資産の残存耐用年数} = \text{中古資産の取得価額（資本的支出を含む）} \div \left[\frac{\text{中古資産の取得価額（資本的支出を除く）}}{\text{中古資産につき簡便法により算定した耐用年数}} + \frac{\text{中古資産の資本的支出額}}{\text{中古資産に係る法定耐用年数}} \right]$$

※1年未満の端数は切り捨てます。

46 資本的支出と修繕費①
「資本的支出」とはどんなケースをいうのか

修繕費とは？　資本的支出とは？

　建物や車両、器具備品などを使用していると、故障したり壊れたりすることがありますが、資産を壊さずに長く使用するための維持や管理に要する費用や、実際に壊れたときに支出する修理費などは、原則として「**修繕費**」となり、**支出したときの一時の費用**とすることができます。

　一方、使用している資産に改良を加えたり、新しい機能を追加したりすることにより、その資産の価値を高めたり、耐用年数が延びたりする場合の、その支出は「**資本的支出**」に該当します。資本的支出の費用は、資産として計上し、減価償却をしていくことになります。

　たとえば、事務所の床を貼りなおす工事を行なう場合、いままでと同じような材質、グレードの素材で床を貼りなおせば原状回復と考えられるので修繕費として処理しますが、ＯＡフロアにするための床材に改良する場合には機能向上と考えられ、固定資産に計上することになります。

資本的支出になるケース

　価値の向上や耐久性の向上など、以下のような場合には原則として資本的支出に該当します。

- 既存の建物に避難階段を取り付けた場合
- 用途変更のために模様替えなどの改造を行なった場合
- 機械の部分品を特に品質や性能の高いものに取り換えた場合（資本的支出になる金額は通常の取替え費用を超える部分の金額）
- 建物の増築、構築物の拡張、延長などをした場合

修繕費と認められるケース

　通常の維持管理や、き損部分の原状回復などに要する支出は修繕費と

◎資本的支出と修繕費の違い◎

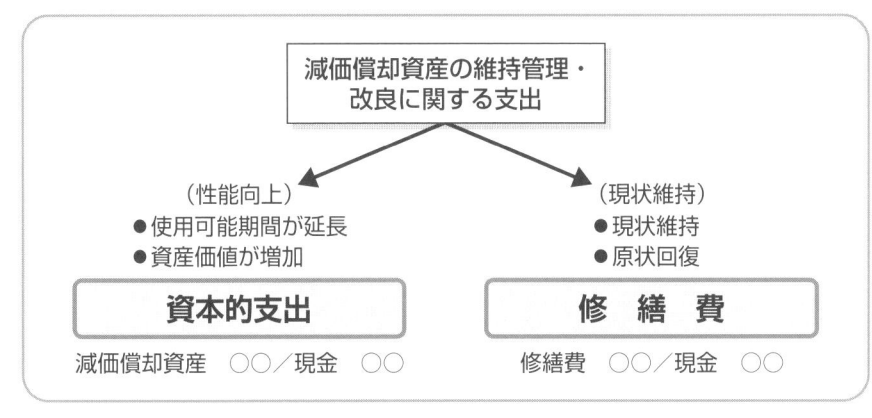

```
         減価償却資産の維持管理・
            改良に関する支出
         ↙              ↘
    （性能向上）           （現状維持）
  ●使用可能期間が延長      ●現状維持
  ●資産価値が増加         ●原状回復

    ┌──────────┐        ┌──────────┐
    │  資本的支出  │        │   修 繕 費   │
    └──────────┘        └──────────┘
  減価償却資産 ○○／現金 ○○   修繕費 ○○／現金 ○○
```

して処理します。また、次のような場合なども修繕費に該当します。

- ●機械装置を移設した場合（移設にかかる費用と解体費）
- ●地盤沈下した土地を沈下前の状態に回復させるために地盛りをした場合

  ただし、以下の場合を除きます。
  ㋐土地の取得後すぐに地盛りを行なった場合
  ㋑土地の利用目的の変更や土地の利用価値を著しく高めるために地盛りを行なった場合
  ㋒地盤沈下による評価損を計上した土地に地盛りを行なった場合

修繕費と資本的支出の区分はむずかしい！

　実際には、固定資産の原状回復と機能向上を一度の工事で同時に行なう場合も多く、個別にみても修繕費と資本的支出のどちらに該当するか悩むケースが多くあります。

　会社が節税したい場合は、できるだけ当期の費用を多く計上し、利益を圧縮することを考えますが、この固定資産に対して支出した金額が修繕費として一時に費用処理できるか、資産として計上し減価償却のみの費用計上となるかは、会社の税金計算に大きな影響を与えます。税務調査においても、税務署が重点的にチェックする部分でもあります。

47 資本的支出と修繕費②
フローチャートを使って区分しよう

形式基準によるフローチャート

　資本的支出と修繕費の区分について、実務的には判断に悩むことが多いですが、税法では次のような判断の指針を示しています。
① 1つの修理や改良などの金額が20万円未満である場合→**修繕費**
② 1つの修理や改良などが3年以内くらいの周期で行なわれるものである場合→**修繕費**
③ 修理・改良などの金額が60万円未満またはその固定資産の前期末の取得価額の10％相当額以下である場合→**修繕費**
④ 法人が継続して、その支出した金額の30％相当額と前期末におけるその資産の取得価額の10％相当額のうち、いずれか少ないほうの金額を修繕費として処理し、残額を資本的支出として処理している場合→**その処理が認められる**

　この判断基準（形式基準）をフローチャートにすると、右ページのようになります。

災害があった場合の原状回復費は？

　災害があったことにより被害を受けた減価償却資産（被災資産）に対して支出した費用は、次の基準にもとづいて判断します。
① 被災資産の原状回復のために支出した費用→**修繕費**
② 被災資産の被災前の効用を維持するための補強工事、排水または土砂崩れの防止などのために支出した費用→**修繕費とすることができる**
③ 上記以外の費用のうち、修繕費であるか資本的支出であるかが不明なものがある場合に、その支出金額の30％相当額を修繕費とし、残額を資本的支出として処理している場合→**その処理が認められる**

　ただし、被災資産を復旧するのではなく、その代替として別の新しい資産を取得した場合は、修繕費として処理することはできません。この場合、復旧させなかった資産の除却については除却損（☞126ページ）

◎形式基準による資本的支出と修繕費の判断フローチャート◎

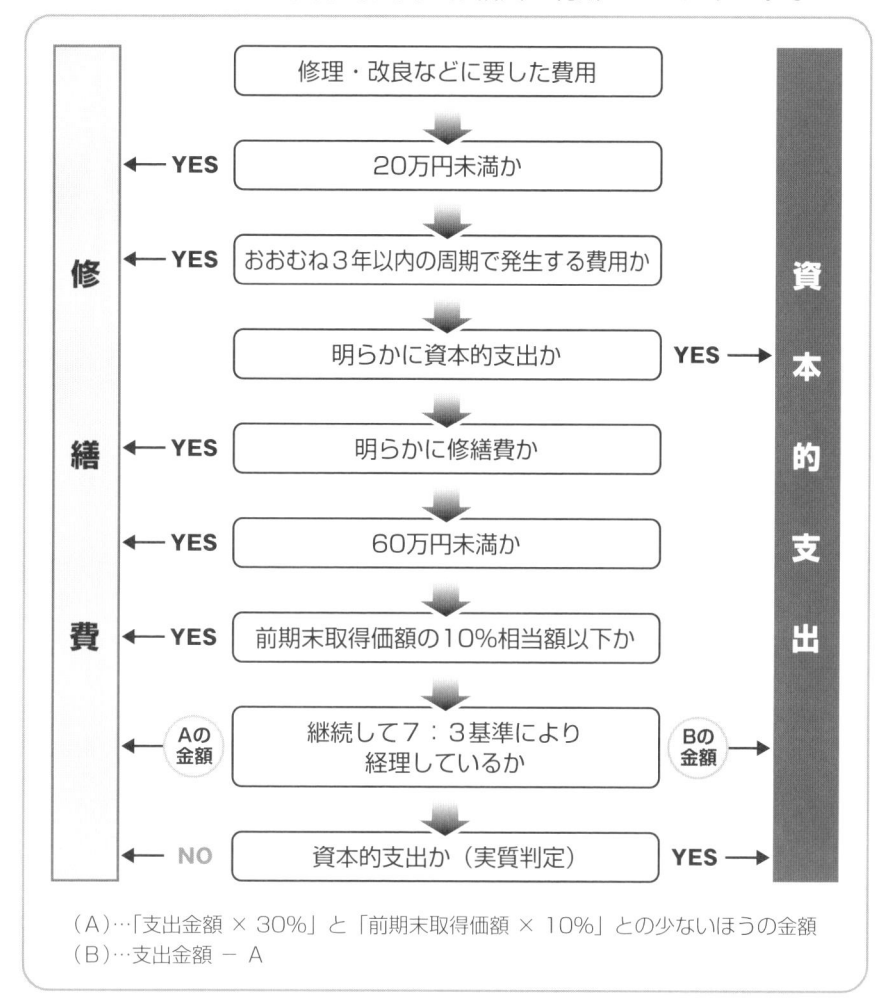

```
                修理・改良などに要した費用
                         ↓
    ← YES     20万円未満か
                         ↓
    ← YES     おおむね3年以内の周期で発生する費用か
                         ↓
修           明らかに資本的支出か      YES →   資
                         ↓                    本
繕   ← YES     明らかに修繕費か                的
                         ↓                    支
費   ← YES     60万円未満か                   出
                         ↓
    ← YES     前期末取得価額の10%相当額以下か
                         ↓
   (Aの金額) ← 継続して7:3基準により         (Bの金額) →
              経理しているか
                         ↓
    ← NO     資本的支出か(実質判定)      YES →
```

（A）…「支出金額 × 30％」と「前期末取得価額 × 10％」との少ないほうの金額
（B）…支出金額 － A

が計上できます。

ソフトウエアに対する支出の取扱いは？

　所有しているソフトウエアに対して支出する費用は、以下のように取り扱います。

①プログラムの機能的障害の除去や現状の効用を維持するための費用
　→**修繕費**

②新機能の追加、既存機能の向上など→**資本的支出**

48 資本的支出の減価償却
取得時期によって取扱いは変わる

資本的支出の減価償却はどうするか

　資本的支出については、減価償却を行なうことになりますが、次の項目をどう取り扱うかによって、減価償却費の計算が変わってきてしまう可能性があります。
- 取得価額＝資本的支出を単体の資産とするか、既存資産に含めるか
- 償却方法＝どの時点の償却方法を適用させるか

　これらの取扱いは、資本的支出のもととなる既存資産の取得時期の違いにより区分され、なおかつ、それぞれに「原則」と「特例」が規定されています。

【平成19年改正後の取扱い】
　平成19年の税制改正により、資本的支出の取扱いが変更されました。
①平成19年3月31日以前に取得した資産に対する資本的支出（原則）
　平成19年3月31日以前に取得した資産に対し、同年4月1日以降に資本的支出をした場合は、既存資産の種類と耐用年数が同一の新たな資産を取得したものととらえ、それぞれ単体で減価償却費の計算をします。
②平成19年3月31日以前に取得した資産に対する資本的支出（特例）
　上記①の処理に変えて、従来どおり既存資産の取得価額に加算して減価償却費の計算をすることができます。この場合は、既存資産が適用している旧定率法や旧定額法などの償却率と耐用年数を、既存資産と資本的支出の合算額に対して適用することになります。
　ただし、事業年度の中途で資本的支出をした場合は、償却初年度は単体で月割の減価償却費を計算し、翌期首に両方の帳簿価額を合算します。
③平成19年4月1日以降に取得した資産に対する資本的支出（原則）
　既存資産の資産種類と耐用年数が同一の新たな資産を取得したものととらえ、それぞれ単体で減価償却費の計算をします。
④平成19年4月1日以降に取得した資産に対する資本的支出（特例）
　上記③において既存資産の償却方法として定率法を採用している場合

◎資本的支出の減価償却の処理パターン◎

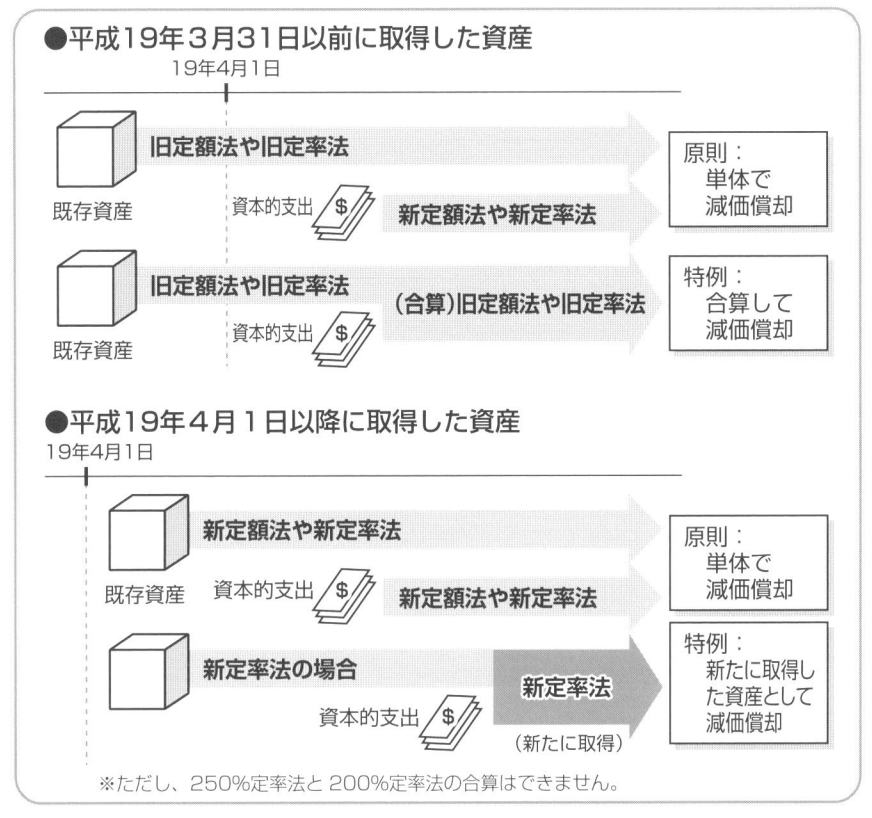

●平成19年3月31日以前に取得した資産

既存資産 — 旧定額法や旧定率法
資本的支出 — 新定額法や新定率法
原則：単体で減価償却

既存資産 — 旧定額法や旧定率法
資本的支出 — （合算）旧定額法や旧定率法
特例：合算して減価償却

●平成19年4月1日以降に取得した資産

既存資産 — 新定額法や新定率法
資本的支出 — 新定額法や新定率法
原則：単体で減価償却

既存資産 — 新定率法の場合
資本的支出 — 新定率法（新たに取得）
特例：新たに取得した資産として減価償却

※ただし、250％定率法と200％定率法の合算はできません。

には、資本的支出をした事業年度の翌事業年度開始のときに既存資産の帳簿価額と資本的支出の帳簿価額との合計額を取得価額とする1つの減価償却資産を新たに取得したものとして、既存資産の耐用年数にもとづいた減価償却費の計算をすることができます。

【平成24年改正による取扱い】

平成19年4月1日から平成24年3月31日までの間に取得した定率法を採用している減価償却資産に、平成24年4月1日以後に資本的支出を行なった場合、原則（上記③）はそれぞれ250％定率法と200％定率法による計算です。また、特例（上記④）は適用できず、それぞれの方法（250％定率法と200％定率法）により償却計算を行ないますが、改正事業年度の特例（64ページの特例その1）の適用を受ける場合はこの限りではなく、一の減価償却資産として250％定率法での計算となります。

49 非減価償却資産の取扱い
減価償却をしない固定資産もある

「非減価償却資産」とは

　固定資産のなかには、使用することや時間が経過することによって価値が減少しない資産があります。また、稼働を休止している資産や建設・製作中の資産については、事業の用に供していないために減価償却の対象にはなりません。これらの資産のことを「非減価償却資産」といいます（☞40ページ）。

◎非減価償却資産となるもの◎

時の経過や使用によって価値が減少しないもの
- 土地・借地権など
- 書画骨董
- 電話加入権

事業の用に供されていないもの
- 建設中の資産
- 遊休資産

　非減価償却資産となるのは上図のとおりですが、具体的には次のような資産が該当します。
- 土地、借地権、地上権、地役権など
- 書画骨董（希少性があり代替性がないもの）
- 稼働していない遊休資産（☞50ページ）
- 建設中、製造中の資産（☞50ページ、78ページ）
- 無形固定資産のうち減価償却の対象にならないもの

書画骨董に該当する資産とは

　美術品や骨董品とよばれるもののなかには、その希少性や美術的価値、歴史的価値などにより、時が経過することによって価値が下がらない（逆に価値が上昇することも考えられる）資産があります。そのような資産

◎書画骨董に該当するかどうかの判断フローチャート◎

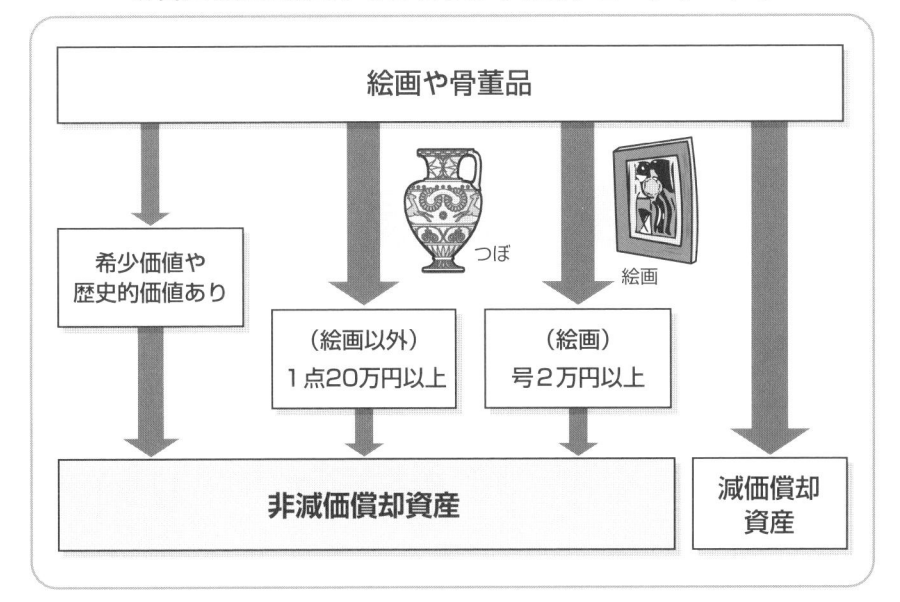

```
           絵画や骨董品
    ┌──────────┼──────────┐
    ↓          ↓          ↓
 希少価値や   （絵画以外）  （絵画）
 歴史的価値あり 1点20万円以上 号2万円以上
    ↓          ↓          ↓
    └──────────┴──────────┘   ↓
          非減価償却資産        減価償却
                              資産
```
（つぼ／絵画）

は「書画骨董(しょがこっとう)」という資産に属し、減価償却の対象にはなりません。

しかし、どのような資産が実際に書画骨董に属するのかを判断することは、なかなかむずかしいので、税法では、次のような定義づけをしています。

①古美術品、古文書、出土品、遺物など歴史的価値や希少価値を有し、代替性がないもの
②美術年鑑などに登録されている作者の製作する書画、彫刻、工芸品など
③上記を考慮しても、書画骨董に該当するかどうか不明な美術品などの資産は、その取得価額が1点20万円未満のもの（絵画などの場合は号2万円未満のもの）について、減価償却資産として取り扱うことができ、それ以外のものは書画骨董に属する。

なお、平成26年12月に「美術品等」に関する通達の改正が行なわれています（130ページのCOLUMNを参照してください）。

50 少額な減価償却資産の取扱い
取得価額10万円未満、20万円未満のものは…

少額減価償却資産の損金算入制度

　取得価額が10万円未満、または使用可能期間が1年未満の減価償却資産は、「**少額減価償却資産**」に該当し、その全額を支出した期の費用とすることができます（☞46ページ）。

　なお、使用期間が1年未満の減価償却資産とは、次のいずれにも該当する資産をいいます。

> ①その資産を取得した会社の業種において、その資産と同種の資産の使用状況、補充状況を勘案した場合に、一般的には消耗性のものとして認識されるもの
> ②その資産を取得した会社において、その資産と同種の資産の平均的な使用状況、補充状況を判断した場合に、使用可能期間が1年未満であるもの

一括償却資産の損金算入制度

　減価償却資産のうち取得価額が20万円未満のものについては、「**一括償却資産の損金算入制度**」の適用を受けることができます。

　この税法上の特例は、通常の減価償却費の計算を行なわずに、適用を受ける資産を**一括して3年間で償却する**ことができる、という制度です。

　この制度の適用を選択した資産は、同一期に取得したすべての選択資産の取得価額の合計額の3分の1ずつを償却していくことになります（次ページの図を参照）。

　なお、この制度を適用して減価償却を行なう場合には、期の中途で取得した資産であっても月割計算は行なわず、3年間の均等償却を行ないます。

　実際には、次の計算式によってその期の減価償却費を求めることにな

◎一括償却資産の特例制度のしくみ◎

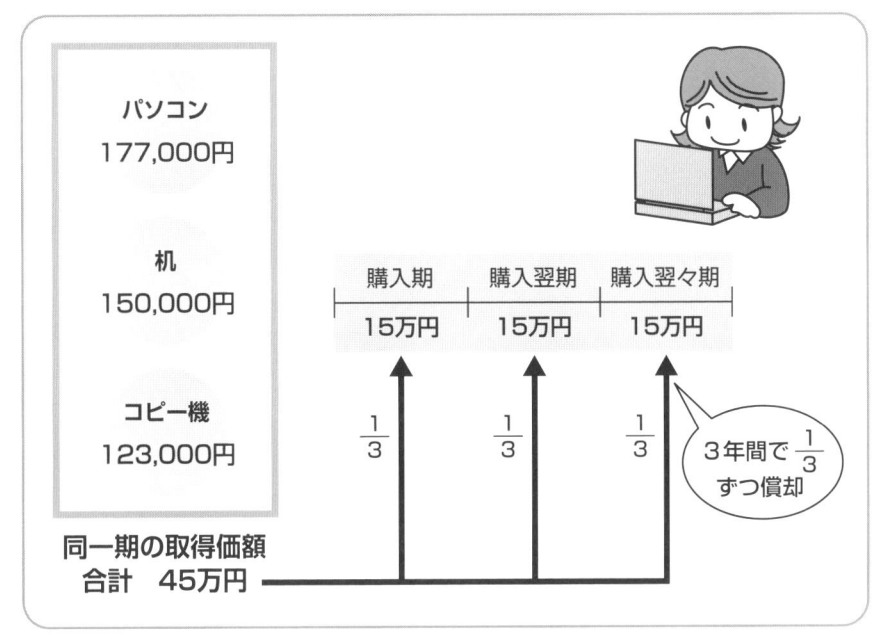

パソコン 177,000円
机 150,000円
コピー機 123,000円
同一期の取得価額 合計 45万円

購入期 15万円 × 1/3
購入翌期 15万円 × 1/3
購入翌々期 15万円 × 1/3

3年間で1/3ずつ償却

ります。

同一期に取得した一括償却資産の取得価額の合計額（一括償却対象額） × その事業年度の月数 / 36

> 1年決算法人の通常事業年度では36分の12になります。

また、この制度の適用を受けている資産は、除却・売却した場合であっても、除却損や売却損などは計上せず、3年間の償却計算を継続しなくてはなりません。

特例制度を受けるための手続き

一括償却資産の特例制度の適用を受けるためには、以下の手続きをしなければなりません。

① 一括償却資産を事業の用に供した事業年度の確定申告書等に一括償却対象額を記載し、かつ、その計算に関する書類を保存する。
② 一括償却対象額を損金経理した場合には、「一括償却資産の損金算入に関する明細書」（別表十六（八））を確定申告書等に添付する。

51 中小企業の特例制度
少額減価償却資産の損金算入制度の活用

　中小企業者等が取得する、取得価額が**30万円未満**の減価償却資産については、「**中小企業者等の少額減価償却資産の損金算入制度**」の適用を受けられます。この適用を受ける資産は、その資産の事業供用年度において、その資産の**取得価額の全額を費用（損金）として計上**できます。

特例を受けられる法人は？

　この特例が受けられるのは、青色申告書を提出する中小企業者または農業協同組合等で常時使用従業員が500人以下の法人等です。
　「中小企業者等」とは、普通法人のうち各事業年度終了時に資本金または出資金の額が１億円以下であるものまたは資本・出資を有しないもので、下記に該当する法人を除いたもの等です。
①相互会社　　②大法人による完全支配関係がある法人等
③投資法人　　④特定目的会社　　⑤受託法人　　⑥大通算法人
【中小企業者に該当しない法人】
①発行済株式または出資（自己株式等を除く）の総数または総額の２分の１を同一の大規模法人に所有されている法人
②発行済株式または出資の総数または総額の３分の２以上を複数の大規模法人に所有されている法人　　③受託法人

特例の対象になる資産は？

　平成18年４月１日から令和８年３月31日までの間に取得し、事業の用に供した減価償却資産のうち、取得価額が30万円未満のものであれば、適用するかどうかの選択を自由に行なうことができます。ただし、次の資産には適用できません。
- 少額減価償却資産の取得価額の損金算入の規定の適用を受ける資産（10万円未満の特例）
- 一括償却資産の損金算入の規定の適用を受ける資産（☞118ページ）

◎どのような資産の選択が有利か？◎

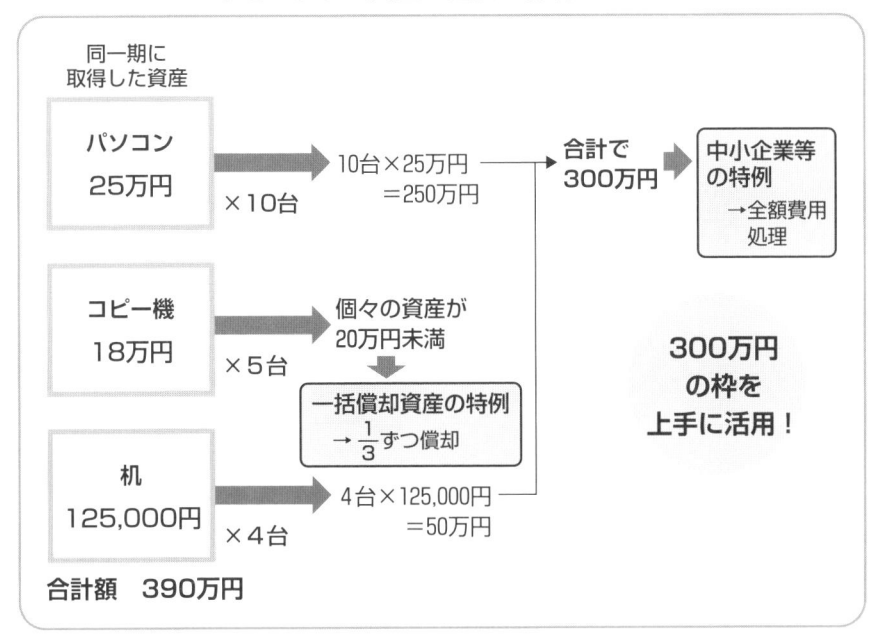

```
同一期に取得した資産

パソコン 25万円 ×10台  → 10台×25万円 = 250万円 ┐
                                              ├ 合計で 300万円 → 中小企業等の特例 → 全額費用処理
コピー機 18万円 ×5台   → 個々の資産が20万円未満 → 一括償却資産の特例 → 1/3ずつ償却
机 125,000円 ×4台     → 4台×125,000円 = 50万円 ┘

合計額 390万円

300万円の枠を上手に活用！
```

- 他の特別償却や税額控除、租税特別措置法上の圧縮記帳の適用を受ける資産
- 令和4年4月1日以後に取得する貸付用の資産（主要な事業として行なわれるものを除く）

同一事業年度での適用上限は300万円

　この制度の選択を受けることができる資産の取得価額の合計額は、1事業年度（個人においては1年）につき300万円です。

　たとえば28万円の資産を10個、19万円の資産を1個、15万円の資産を1個取得した法人があるとした場合に、この制度を選択する資産の組合せとしては、28万円の資産10個と19万円の資産1個としたほうが、適用上限額をうまく使う（合計299万円）ことになり、得策であるといえます。

　なお、この制度の適用を受けるためには、「少額減価償却資産の取得価額の損金算入の特例に関する明細書」（別表十六（七））を添付した確定申告書等を提出しなければなりません。

52 少額減価償却資産の3つの特例
少額特例を受ける際の判断のポイント

資産の単位ごとの取得価額で判断する

　減価償却資産は、その資産が**通常取引される単位**における1つの単位ごとの金額がその取得価額となります。

　「通常取引される単位」とは、その単位ではじめてその効用を果たすと考えられる単位をいい、たとえば、応接セットの場合は、いくつかの椅子とテーブルのセットで1単位となります。また、この場合において、その1単位の金額が取得価額になります。

　少額減価償却資産の特例の適用を考える場合は、この1単位の取得価額がそれぞれの特例を適用するための取得価額の要件に該当しているかどうかの判断をしなくてはなりません。

消費税の取扱いは？

　固定資産を購入する際に支出する消費税が、その固定資産の取得価額の一部になるかどうかは、取得した法人の消費税の処理方法によります。

> ①税抜経理…支払った消費税を「仮払消費税（資産項目）」として処理する方法　→　固定資産の取得価額の一部とはなりません。
> ②税込経理…支払った消費税を分離せずに資産や費用の金額として処理する方法　→　固定資産の取得価額の一部になります。

　この消費税の処理方法による取得価額の違いも、少額減価償却資産の特例の適用の判断には影響を及ぼすので注意が必要です（☞48ページ）。

どの特例を選択するべきかの判断のポイント

　中小企業者等が少額の減価償却資産を取得した場合には、通常の減価償却を含め4通りの処理方法がありますが、どの処理方法を選択するべきかは、その会社の状態も考慮しつつ慎重に考える必要があります。

◎消費税の処理方法と適用できる特例制度◎

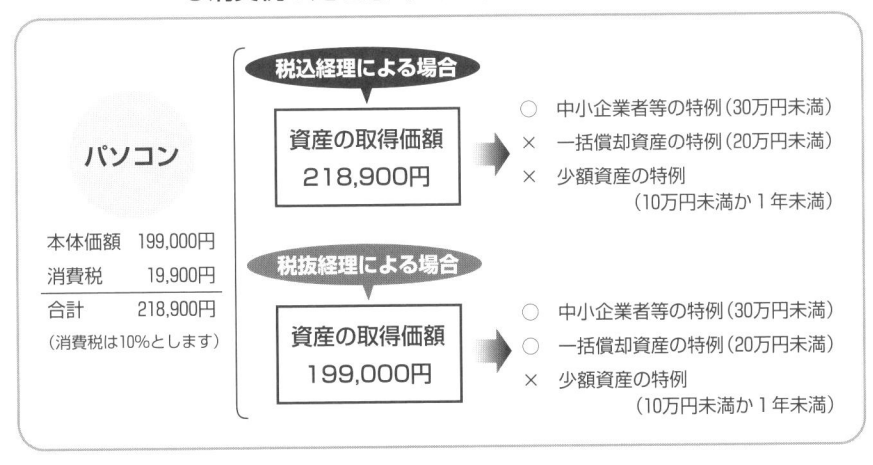

パソコン

本体価額　199,000円
消費税　　 19,900円
合計　　　218,900円
（消費税は10%とします）

税込経理による場合
資産の取得価額
218,900円

- ○ 中小企業者等の特例（30万円未満）
- × 一括償却資産の特例（20万円未満）
- × 少額資産の特例
　　　（10万円未満か1年未満）

税抜経理による場合
資産の取得価額
199,000円

- ○ 中小企業者等の特例（30万円未満）
- ○ 一括償却資産の特例（20万円未満）
- × 少額資産の特例
　　　（10万円未満か1年未満）

①**利益をできるだけ圧縮したい場合**

　利益を圧縮するためには、できるだけ当期の費用を多く計上できる処理方法を選択しますが、基本的には次のような選択が考えられます。

- 取得価額が10万円未満の資産 → 少額減価償却資産の特例
- 取得価額が10万円超20万円未満の資産 → 中小企業者等の少額特例
- 取得価額が20万円超30万円未満の資産 → 中小企業者等の少額特例

　なお、中小企業者等の少額減価償却資産の特例は、1事業年度に適用できる資産の合計額が300万円以下でなければならず、それを超えてしまうような場合は、できるだけ上限の300万円に近くなる資産の組み合わせで中小企業者等の特例を選択し、それ以外の少額資産については、一括償却資産の特例を選択するのがよいでしょう。

　また、10万円未満の少額資産の特例を選択する資産と、一括償却資産の特例を選択する資産については、固定資産税（償却資産税☞70ページ）の課税対象から除外されるので、この点も考慮に入れる必要があります。

②**できるだけ利益を確保したい場合**

　利益を確保したい場合は、当期の費用をできるだけおさえる処理方法を選択する必要がありますが、この場合は特例の選択をせずに、**通常の償却計算を少額な資産にも適用**することを検討します。

　ただし、通常の減価償却の方法を選択した資産は、固定資産税（償却資産税）の課税対象に含まれてしまうので、その点も考慮してください。

53 資産の売却と減価償却

資産を売ったときの実務処理ポイント

資産を売却したときは？

　会社は、事業等で使用するために固定資産を所有していますが、その資産を使用しなくなった場合や使用価値が落ちてしまった場合に、その資産を買いたいと考える第三者がいるときは、その購入希望者に売却することが実務上もよくあります。

　この場合、売却した期の減価償却費の計算を行なった後の帳簿価額と、売却した金額とを比較して、帳簿価額のほうが大きい場合には「売却損」、売却価額のほうが大きい場合には「売却益」を、それぞれ計上することになります。

売却をした場合の減価償却費の計算はどうする？

　期の途中に減価償却資産を売却した場合は、**売却時までの減価償却費を月割で計算**することになります。

　しかし実務上は、売却した資産について売却した期の減価償却費の計算を行なわないこともあります。たとえば、売却益が出る場合に減価償却費を計上すれば、その分、売却資産の売却時帳簿価額（つまり、売却資産の売上原価となる金額）が減少するので売却益が増加しますし、減価償却費を計上しなければ帳簿価額は減少しないので売却益は減少します。

　導きだされる利益の金額は、売却した期の減価償却費を計上してもしなくても同額にはなりますが、会計上の考え方からいえば、売却年度の減価償却費を計上しない経理処理は問題がある処理といえます。

売却したときの仕訳と財務諸表への表示

　たとえば、期首において帳簿価額100万円の器具備品を現金120万円で売却した場合（売却した期の減価償却費を10万円計上する）の仕訳は、以下のとおりです。なお、この仕訳例は減価償却費を固定資産から直接

控除する方法によっています。

```
（借方）現　　　金　　120万円 ／ （貸方）器具備品　　　　100万円
　　　　減価償却費　　10万円　　　　　　器具備品売却益　 30万円
```

　また、売却損益の財務諸表への表示は、特別利益または特別損失の部に「**器具備品売却損**」などの個別の勘定科目で表示するか、あるいはまとめて「**固定資産売却損**」などの勘定科目で表示します。
　なお、売却損益が相対的にみて少額で重要性が乏しいと考えられる場合には、営業外利益または営業外損失として取り扱うケースもあります。

消費税を税抜経理で処理している場合の仕訳は？

　減価償却資産の売却は、一般的には消費税が課税されます。消費税の経理方式として「税抜経理」（消費税の金額を本体とは分離して仮受・仮払計上する方式）を採用している場合は、売却金額に含まれている消費税を分離する処理が必要になります（なお、下記の例では消費税を10％としています）。

【例1】期首帳簿価額90万円の車両を現金110万円（消費税込）で売却した。なお、売却した期の減価償却費は6万円である。

```
（借方）現　　　金　　110万円 ／ （貸方）車両運搬具　90万円
　　　　減価償却費　　 6万円　　　　　　仮受消費税　10万円
　　　　　　　　　　　　　　　　　　　　車両売却益　16万円
```

【例2】期首帳簿価額90万円の車両を現金55万円（消費税込）で売却した。なお、売却した期の減価償却費は6万円である。

```
（借方）現　　　金　　 55万円 ／ （貸方）車両運搬具　　90万円
　　　　減価償却費　　 6万円　　　　　　仮受消費税　　 5万円
　　　　車両売却損　　34万円
```

54 資産の除却と減価償却

資産を除却したときの実務処理ポイント

資産の「除却」とは

　減価償却資産が壊れた場合や同種の資産で新製品が発売された場合、単に使用しなくなった場合などにおいて、その資産を廃棄したり取り壊したりするケースがあります。

　この資産の廃棄や滅失（取り壊すこと）のことを「除却」といいます。

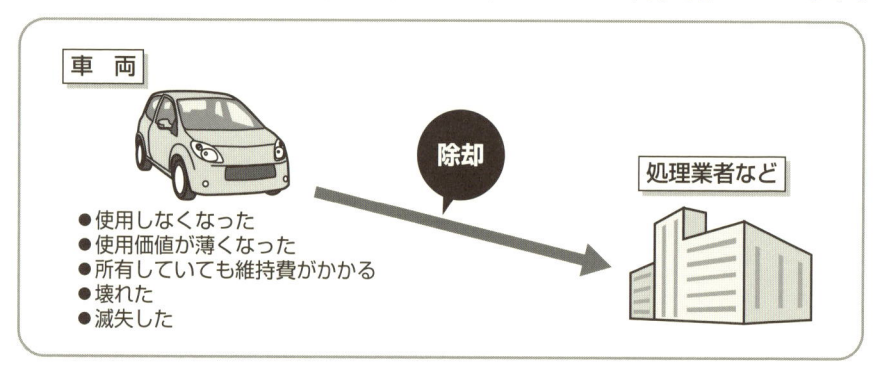

車両
- 使用しなくなった
- 使用価値が薄くなった
- 所有していても維持費がかかる
- 壊れた
- 滅失した

→ 除却 → 処理業者など

除却をした場合の減価償却費の計算は？

　期の途中に減価償却資産を除却した場合は、除却時までの減価償却費を月割で計算することになります。

　しかし実務上は、資産を売却した場合と同じ理由で、除却した資産について除却した期の減価償却費の計算は行なわないケースもあります。

除却損の算定のしかた

　所有している資産を除却する際には、その資産の帳簿価額（その期の減価償却費を控除したのちの帳簿価額）を除却損として計上します。

　ただし、除却をする際に取壊し費用などがかかった場合は、それらの費用の金額を除却損に加算し、除却に伴ってその廃材などが売却可能であれば、その売却可能の金額を除却損から控除した金額がその資産の除却損の金額になります。

> 除却資産の帳簿価額 ＋ 取壊し費用 － 廃材の売却収入 ＝ 除却損

除却をしたときの仕訳と財務諸表への表示

　除却損は、臨時的な損失といえるので、財務諸表には「特別損失」の欄に表示することになります。
　具体的な除却損の仕訳については、以下の例を参考にしてください（この仕訳例は、減価償却費を固定資産から直接控除する方式で、消費税は税込経理方式を採用している場合の例です）。

【例】期首の帳簿価額300万円の建物を期中に取り壊した。取壊し費用として現金で110万円支払ったが、廃材の鉄やアルミニウムは鉄屑処理業者に現金22万円で売却できた。なお、期中の減価償却費は５万円であり、消費税率は10％とする。

（借方）	現　　　　金	22万円	（貸方）	建　　　物	300万円
	減価償却費	5万円		現　　　金	110万円
	建物除却損	383万円			

　なお、除却については消費税のかかる取引ではないので、仕訳をする際に消費税を考慮する必要はありませんが、取壊し費用や廃材等の売却は消費税がかかる取引に該当するので注意が必要です。
　上記の例で税抜経理を採用している法人が仕訳する場合には、以下のようになります。

（借方）	現　　　　金	22万円	（貸方）	建　　　物	300万円
	減価償却費	5万円		現　　　金	110万円
	仮払消費税	10万円		仮受消費税	2万円
	建物除却損	375万円			

55 有姿除却と減価償却

資産を有姿除却したときの実務処理ポイント

資産の「有姿除却」とは

　減価償却資産を使用しなくなった場合においても、なんらかの理由でその資産を廃棄、取壊しなどをしないでおくことがあります。しかし、この状態でも「除却」に該当する場合があり、これを「有姿除却」といいます。

　この有姿除却は、資産が次のような状態である場合に適用されます。

①その使用を廃止し、今後、通常の方法により事業の用に供する可能性がないと認められる資産
②特定の製品の生産のために専用されていた金型等で、その製品の生産を中止したことにより将来、使用される可能性がほとんどないことが、その後の状況等からみて明らかなもの

有姿除却を適用する場合の注意点

　有姿除却による「除却損」の計上は、資産を実際に廃棄や取り壊していない点で通常の除却とは違います。したがって、特に税務署に対しては、しっかりと除却の事実を説明できるように、次のような証拠資料を用意するなどの注意が必要です。

- 有姿除却することを決定した経緯などを記載した書類
- 有姿除却することを決定した際の議事録など
- 除却損を計上したのちに、その資産を使用していないことを証明する資料など

ソフトウエアが除却できる場合

ソフトウエアについては、物理的に除却や廃棄、消滅などの事実がなくても、次のようなケースでは除却として取り扱ってもよいことになっています。

> ①自社利用のソフトウエアで、そのソフトウエアを利用してデータ処理をしていた業務が廃止され、そのソフトウエアを利用しなくなったことが明らかな場合
> ②複写して販売するための原本となるソフトウエアについて、新製品の出現、バージョンアップなどにより、今後、販売を行なわないことが社内稟議書、販売流通業者への通知文書などで明らかな場合

除却損の算定のしかた

所有している資産の有姿除却をする際には、その資産の帳簿価額（その期の有姿除却の日までの減価償却費を控除したのちの金額）を除却損として計上します。また、除却資産に売却見込みがあれば、その見積金額を除却損から差し引きます。逆に、その資産の解撤、破砕、廃棄などに要する費用の見積り金額を上乗せすることは認められません（すでに解撤などに着手している場合を除く）。

> 除却損 ＝ 除却する資産の帳簿価額 － 処分（売却）見込額

COLUMN

平成27年1月1日以降に取得する「美術品等」の取扱い

　平成26年12月に新たな通達が発遣され、平成27年1月1日以降に取得する**美術品等**（絵画や彫刻などの美術品や工芸品などで、117ページ①に該当しないもの）が非減価償却資産に該当するかどうかの判断は、117ページ②、③の判断基準によらず、以下によるものとされました。
- 取得価額が1点100万円以上 → （原則）非減価償却資産
- 取得価額が1点100万円未満 → （原則）減価償却資産

　なお、1点100万円以上であっても、時の経過により価値が減少することが明らかなものは減価償却資産として取り扱うことができ、1点100万円未満であっても、時の経過により価値が減少しないことが明らかなものは非減価償却資産になります。

　また、平成27年1月1日よりも前に取得した美術品等についても上記の基準で減価償却資産に該当するものがある場合には、その適用初年度（平成27年1月1日以後最初に開始する事業年度）に限り資産区分の変更が認められており、以後の減価償却が可能になります。

◎書画骨董に該当するかどうかの判断フローチャート◎
（美術品等に関しては平成26年12月通達による）

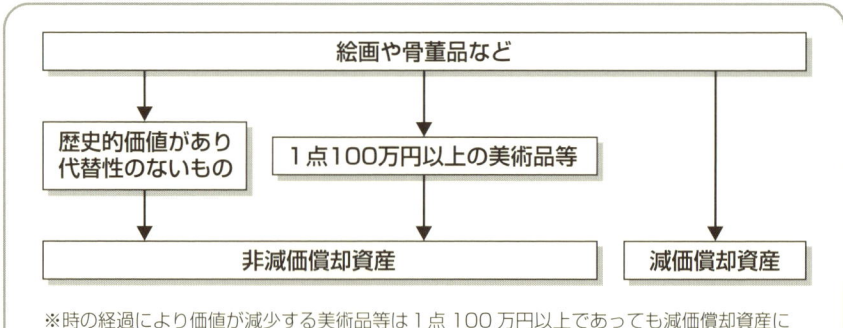

```
          絵画や骨董品など
     ┌──────────┼──────────┐
     ↓          ↓          
歴史的価値があり  1点100万円以上の美術品等
代替性のないもの
     ↓          ↓          ↓
     非減価償却資産          減価償却資産
```

※時の経過により価値が減少する美術品等は1点100万円以上であっても減価償却資産に該当します。
※時の経過により価値が減少しない美術品等は1点100万円未満であっても非減価償却資産に該当します。

6章

財務諸表への表示と法人税の取扱い

申告調整

別表

会社の内容をあらわす財務諸表に、減価償却費はどのような表示のされ方をするのでしょうか。また、会計上の減価償却費の計算は、企業の所有・使用の意図が反映されたものである可能性があります。そこで、法人税には企業間の税制上の公平を保つ規定があり、企業独自の減価償却費を税制に適格させるように調整作業が必要になります。

56 貸借対照表と減価償却

減価償却資産はB／Sのどこに表示されるか

「固定資産の部」「繰延資産の部」に表示される

1章でみたように、財務諸表の1つである「貸借対照表」（B／S）では、会社の財産の運用形態と調達源泉が開示されます。

このうち減価償却資産は、「**固定資産の部**」の「**有形固定資産**」と「**無形固定資産**」にそれぞれ表示され、繰延資産のうち税務上の繰延資産は「固定資産の部」の「投資その他の資産」に、会計上の繰延資産は「**繰延資産の部**」に、それぞれ表示されます。

貸借対照表のモデル例で表示場所をみると、次ページのようになります。

減価償却費の計上と減価償却資産の表示方法

減価償却資産は、毎決算期においてそれぞれの事業年度における減価償却費を計上していきますが、その計上のしかたには次の2種類の方法があります。

①直接控除法

減価償却費をその資産から直接差し引く方法を「直接控除法」といいます。直接控除法を採用する場合の減価償却費の計上（仕訳）は、次のようになります

（借方）減価償却費	100	（貸方）器具備品	100

②間接控除法

減価償却費をその資産から直接差し引くのではなく、「**減価償却累計額**」という勘定科目に計上していく方法を「間接控除法」といいます。

この間接控除法を採用する場合の減価償却費の計上（仕訳）は、次の

◎貸借対照表における減価償却資産の表示場所◎

貸借対照表
令和○年 3月31日現在

(単位：千円)

Ⅰ	流動資産	（×××）	Ⅰ	流動負債	（×××）
	現金預金	×××		買掛金	×××
	売掛金	×××		預り金	×××
Ⅱ	固定資産	（×××）	Ⅱ	固定負債	（×××）
	有形固定資産	（×××）		長期借入金	×××
	建物	×××		長期未払金	×××
	建物附属設備	×××			
	機械装置	×××		負債の部合計	×××
	車両運搬具	×××	Ⅰ	株主資本	（×××）
	器具備品	×××		1．資本金	×××
				2．資本準備金	（×××）
	無形固定資産	（×××）		（1）資本準備金	×××
	特許権	×××		3．利益剰余金	（×××）
	ソフトウエア	×××		（1）利益剰余金	×××
				（2）その他利益剰余金	（×××）
	投資その他の資産	（×××）			
	負担金	×××		繰越利益剰余金	×××
			Ⅱ	評価・換算差額等	（×××）
Ⅲ	繰延資産	（×××）			
	創立費	×××	Ⅲ	新株予約権	（×××）
				純資産の部合計	×××
資産の部合計		×××	負債・純資産の部合計		×××

ここに表示される

とおりです。

（借方）減価償却費	100	（貸方）減価償却累計額	100

57 直接控除法と間接控除法
貸借対照表への表示のしかた

「減価償却累計額」の取扱い

減価償却資産および減価償却費の貸借対照表への表示方法には、「直接控除法」と「間接控除法」がありますが、減価償却費を計上する際に「**減価償却累計額**」の勘定科目を使うときは、その資産の**事業供用日から現在までの減価償却費の総合計**が表示されることになります。

ここでは、取得価額100万円の器具備品（前期末までの償却済額は30万円）について、当期において10万円の減価償却費を計上した場合に、直接控除法と間接控除法で貸借対照表に表示すると、どのようになるかみていきましょう。

直接控除法による場合の貸借対照表への表示方法

直接控除法を使って貸借対照表に表示する場合は、次のように行ないます。

貸借対照表

（単位：千円）

I	流動資産	（×××）	I	流動負債	（×××）
	現金預金	×××		買掛金	×××
	売掛金	×××		預り金	×××
II	固定資産	（×××）	II	固定負債	（×××）
	有形固定資産	（×××）		長期借入金	×××
	建物	3,000		長期未払金	×××
	車両運搬具	1,000		負債の部合計	×××
	器具備品	600			

（注）有形固定資産の減価償却累計額は3,400千円である。

なお、直接控除法による場合は、財務諸表を見ただけでは減価償却資産の取得価額がわからなくなってしまうため、上図のように**減価償却累計額を注記**することになっています。

間接控除法による場合の貸借対照表への表示方法

間接控除法による場合は、「各資産の科目ごとに減価償却累計額をあらわす方法」と「固定資産をまとめて一括で減価償却累計額をあらわす方法」の2つがあります。

それぞれの方法による貸借対照表への表示方法は、次のようになります。

【科目ごとに間接控除する場合】

貸借対照表

(単位：千円)

Ⅰ 流動資産		(×××)	Ⅰ 流動負債		(×××)
現金預金		×××	買掛金		×××
売掛金		×××	預り金		×××
Ⅱ 固定資産		(×××)	Ⅱ 固定負債		(×××)
有形固定資産		(×××)	長期借入金		×××
建物	5,000		長期未払金		×××
減価償却累計額	△2,000	3,000	負債の部合計		×××
車両運搬具	2,000				
減価償却累計額	△1,000	1,000			
器具備品	1,000				
減価償却累計額	△400	600			

【一括して間接控除する場合】

貸借対照表

(単位：千円)

Ⅰ 流動資産		(×××)	Ⅰ 流動負債		(×××)
現金預金		×××	買掛金		×××
売掛金		×××	預り金		×××
Ⅱ 固定資産	(×××)		Ⅱ 固定負債		(×××)
有形固定資産			長期借入金		×××
建物	5,000		長期未払金		×××
車両運搬具	2,000		負債の部合計		×××
器具備品	1,000				
減価償却累計額	△3,400	4,600			

58 損益計算書と減価償却

減価償却費はP／Lのどこに表示されるか

損益計算書の構造

「損益計算書」（P／L）のしくみは1章で説明しましたが、当期純利益を導き出す流れは次のようになります。
- 売上総利益（A）＝売上高－売上原価
- 営業利益（B）＝売上総利益（A）－販売費及び一般管理費
- 経常利益（C）＝営業利益（B）＋営業外収益－営業外費用
- 税引前当期純利益（D）＝経常利益（C）＋特別利益－特別損失
- 当期純利益（E）＝税引前当期純利益（D）－法人税、住民税及び事業税

なお、製造業の場合は製品を販売するので、その製品の製造に費やした費用を「**製造原価報告書**」で開示します。

減価償却費を表示する場所は？

損益計算書における減価償却費の表示は、非製造業であれば「販売費及び一般管理費」の部に表示しますが、製造業の場合はその資産をどのように使用しているかによって次の2通りに分かれます。

①製品の製造に使用される資産の場合→「製造原価報告書」の経費項目
②上記以外の場合→「損益計算書」の販売費及び一般管理費の項目

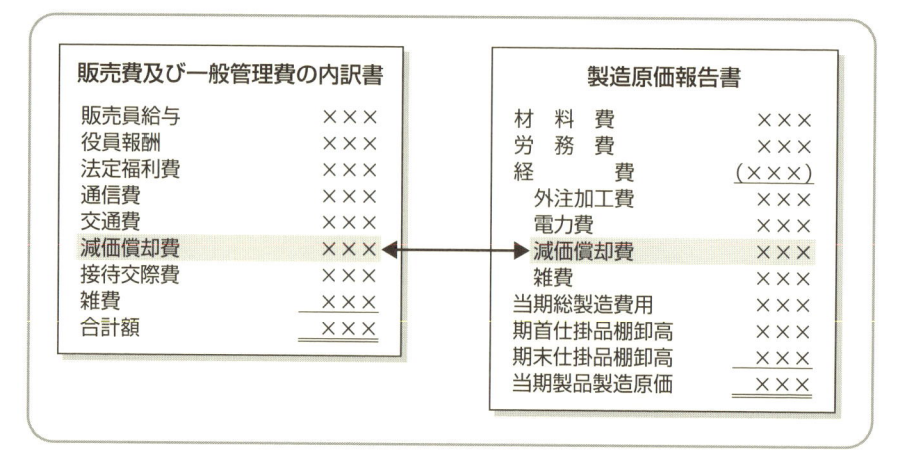

販売費及び一般管理費の内訳書	
販売員給与	×××
役員報酬	×××
法定福利費	×××
通信費	×××
交通費	×××
減価償却費	×××
接待交際費	×××
雑費	×××
合計額	×××

製造原価報告書	
材料費	×××
労務費	×××
経費	(×××)
外注加工費	×××
電力費	×××
減価償却費	×××
雑費	×××
当期総製造費用	×××
期首仕掛品棚卸高	×××
期末仕掛品棚卸高	×××
当期製品製造原価	×××

◎損益計算書における減価償却資産の表示場所（非製造業の場合）◎

損 益 計 算 書
自　令和X1年 4月 1日　至　令和X2年 3月31日

(単位：千円)

Ⅰ	売　上　高		×××
	売上値引・戻り高	×××	×××
Ⅱ	売　上　原　価		
	期首棚卸高	×××	
	商品仕入高	×××	
	仕入値引・戻し高	×××	×××
	合　　　　計		×××
	期末棚卸高	×××	×××
	売 上 総 利 益		×××
Ⅲ	販売費及び一般管理費		
	販売費・一般管理費	×××	×××
	営 業 利 益		×××
Ⅳ	営 業 外 収 益		
	受取利息割引料	×××	
	雑　収　入	×××	×××
Ⅴ	営 業 外 費 用		
	支　払　利　息	×××	
	雑　損　失	×××	×××
	経 常 利 益		×××
Ⅵ	特　別　利　益		
	固定資産売却益	×××	×××
Ⅶ	特　別　損　失		
	固定資産売却損	×××	×××
	税引前当期純利益		×××
	法人税、住民税及び事業税	×××	×××
	当 期 純 利 益		×××

販売費及び管理費の内訳書

販売員給与	×××
役員報酬	×××
法定福利費	×××
通信費	×××
交通費	×××
減価償却費	×××
接待交際費	×××
雑費	×××
合計額	×××

59 キャッシュ・フロー計算書と減価償却①

キャッシュ・フロー計算書とはどんなものか

　財務諸表の中心となる書類は「貸借対照表」と「損益計算書」であることは間違いありません。
　しかし近年、その重要度が増しているのが「キャッシュ・フロー計算書」といわれる財務諸表です。「ＣＦ計算書」と略称することもあります。

「ＣＦ計算書」はお金の流れを解明する計算書

　会社の損益計算書では、1会計期間における収益と費用の差額で利益（または損失）を計算しますが、必ずしもその**利益の金額分が会計期間終了時の現金預金の増加額とはなっていない**ことがほとんどです。
　一方、「キャッシュ・フロー計算書」では、資金（現金と現金同等物）が1会計期間において、どのような原因で増減し、その結果、期末における資金の金額がどうなったかをあらわしています。
　バブル崩壊後、損益計算書上の利益は多額に出ているのに、資金不足によって倒産した企業が数多く出現しました。そこで、そのような会社を見抜くために、この「キャッシュ・フロー計算書」が必要になったという経緯があります。

ＣＦ計算書では「入金なき収益」と「出金なき費用」は除外する

　損益計算書で注目されるのは、たとえば「売上高の実現」という事実であり、その売上高によって現金預金が増加したかどうかは関係がありません。
　また、通常の費用の支出は現金預金の減少を伴いますが、たとえば減価償却費という費用を計上しても現金預金は減少しません。
　このように、収益や費用には該当するけれども、それに伴う現金預金の増減はないという項目は、実はけっこう存在します。

◎現金預金の増減を伴わない収益・費用の例◎

- 掛取引による売上高で、期末において売掛金の残高になっているもの
- 掛取引による仕入高で、期末において買掛金の残高になっているもの
- 減価償却費
- 固定資産除却損

　なお、たとえば固定資産や有価証券を購入した場合は、それによって資金は減少しているのに、直接的には収益や費用を増減させません。このような取引は、損益計算書には記載されなくても、キャッシュ・フロー計算書では記載項目となっています。

キャッシュ・フロー計算書の構成

　キャッシュ・フロー計算書は、次の3つに分けて構成されています。

①営業活動キャッシュ・フロー
　会社の営業の過程で生み出された資金と、支出された資金の差し引きで、営業活動による資金の増加額（または減少額）を明らかにします。
②投資活動キャッシュ・フロー
　会社の将来の利益獲得に貢献する目的で行なう投資活動に、どれだけ資金を使ったかを明らかにします。
③財務活動キャッシュ・フロー
　企業活動に必要な資金を財務的な活動（たとえば、銀行から融資を受けるなど）により調達した場合の調達額と、調達した資金の返還額などを明らかにします。

60 キャッシュ・フロー計算書と減価償却②
キャッシュ・フロー計算書への表示のしかた

キャッシュ・フロー計算書には2種類ある

　キャッシュ・フロー計算書は、「営業活動キャッシュ・フロー」の作成のしかたによって、「**直接法**」によるものと「**間接法**」によるものの2種類があります。

◎「直接法」と「間接法」の違い◎

直接法

Ⅰ　営業活動キャッシュ・フローの部	
営業収入	×××
仕入支出	×××
人件費支出	×××
広告費支出	×××
・	×××
・	×××
営業活動キャッシュ・フロー	×××
Ⅱ　投資活動キャッシュ・フローの部	
機械の取得による支出	×××
・	×××
・	×××
投資活動キャッシュ・フロー	×××
Ⅲ　財務活動キャッシュ・フローの部	
長期借入金の借入収入	×××
・	×××
・	×××
財務活動キャッシュ・フロー	×××
現金及び現金同等物の期末残高	○○○

間接法

Ⅰ　営業活動キャッシュ・フローの部	
税引前当期純利益	×××
固定資産の売却益	△×××
売上債権の増加額	△×××
・	×××
・	×××
・	△×××
営業活動キャッシュ・フロー	×××
Ⅱ　投資活動キャッシュ・フローの部	
機械の取得による支出	×××
・	×××
・	×××
投資活動キャッシュ・フロー	×××
Ⅲ　財務活動キャッシュ・フローの部	
長期借入金の借入収入	×××
・	×××
・	×××
財務活動キャッシュ・フロー	×××
現金及び現金同等物の期末残高	○○○

※営業活動キャッシュ・フローの部の、このつくり方が違う！

　「直接法」では、資金の増減取引のすべてを、その増減の源泉ごとに区分して集計し、営業活動キャッシュ・フローを作成します。営業活動によるキャッシュ・フローがその源泉ごとに表示されるので、より詳しい内容を開示することができますが、資金の取引すべてを源泉ごとに集計するのは大変な労力を必要とするので、実務上はあまり採用されていません。

　一方、「間接法」では、税引前当期純利益をスタート地点として、資金の増減を伴わない損益項目の調整や営業活動によらないキャッシュ・

フローの除外などの調整を行なって、営業活動キャッシュ・フローを作成します。直接法と比較すると、手間をかけずにキャッシュ・フロー計算書を作成することができます。

キャッシュ・フロー計算書への減価償却費の表示

減価償却費は、**出金なき費用**の代表格です。キャッシュの流れとは関係がないので、キャッシュ・フロー計算書を作成する場合には、関係させない取扱いをしなければなりません。

直接法によって作成されるキャッシュ・フロー計算書では、資金の増減項目ごとに表示するため、資金の増減を伴わない減価償却費はもともと表示されません。

これに対して、間接法により作成されるキャッシュ・フロー計算書では、営業活動キャッシュ・フローを明らかにする段階で減価償却費を加算する手続きが行なわれます。

◎間接法によるＣＦ計算書への減価償却費の表示◎

Ⅰ　営業活動キャッシュ・フローの部	
当期純利益	×××
固定資産の売却益	△×××
売上債権の増加額	△×××
減価償却費	**50** ← 当期に計上した減価償却費を加算
・	×××
・	△×××
営業活動キャッシュ・フロー	×××
Ⅱ　投資活動キャッシュ・フローの部	
機械の取得による支出	×××
・	×××
・	×××
投資活動キャッシュ・フロー	×××
Ⅲ　財務活動キャッシュ・フローの部	
長期借入金の借入収入	×××
・	×××
・	×××
財務活動キャッシュ・フロー	×××
現金及び現金同等物の期末残高	○○○

61 財務会計と税務会計の関係
法人税の計算では調整が必要になる

「財務会計」による経理と「税務会計」による法人税の算出

　経理では、日々の取引を会社法や企業会計の原則に従って処理しています。つまり、**財務会計**に従った経理を行なっているといえます。

　この財務会計では、会計の原則によって許容される範囲内で、各企業の実情にそった利益を算出し、それを通して利害関係者に有用な情報を提供することを目的としています。

　一方、法人税を計算するうえでは、財務会計によって算出された利益に、一定の調整を加えた利益（＝**課税所得**または**所得**）を算出します。この調整計算をするために従わなければならない会計が「**税務会計**」です。

　財務会計では利益を算出する計算式は「利益＝収益－費用」ですが、税務会計において課税の対象となる所得を算出する計算式は「**所得＝益金－損金**」となります。

　収益と益金の違い、費用と損金の違いを調整し、財務会計上の利益から税務会計上の所得を導き出すために行なわれるのが「**申告調整**」です。

なぜ「利益」と「所得」は同じにならないのか

　たとえば、税法に規定された法定耐用年数が5年の固定資産であって

◎財務会計と税務会計

（同一構造、同一用途の減価償却資産を持つ2社の場合）

財務会計による財務諸表

㈱A社
減価償却費　△120
当期純利益　　30

㈱B社
減価償却費　△100
当期純利益　　50

→ 法定耐用年数で計算した減価償却費
↓
80

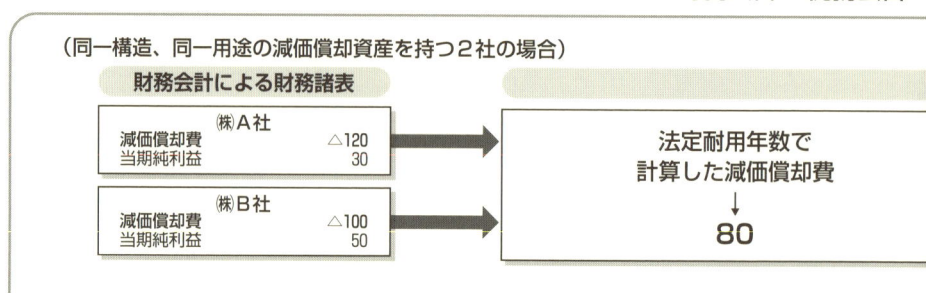

も、その固定資産を3年で買い替える予定であり、また3年のサイクルで買い替えるほうが利益の最大化に貢献する場合であれば、その固定資産の償却計算は耐用年数3年で行なうほうが合理的であるといえます。

一方、税金を計算するうえでは「租税負担の公平性」が重要視されます。たとえば、同一の性質、同一の用途を持つ固定資産の減価償却費の計算は、同一の耐用年数で行なうことが公平な租税の負担につながり、会社の個別的な事情や恣意性を排除すると考えられているのです。

また、法人税を計算するうえでは、たとえば交際費の全部または一部を損金から除外するなど、租税政策的な観点から財務会計の利益を調整することもあり、これらの調整の結果、財務会計の利益と税務会計の所得が違うものとなるのです。

中小企業における財務会計と税務会計

実は、申告調整には専門的な知識が必要であり、手間もかかります。経理担当者として配置できる従業員の数が限定されることの多い中小零細企業の多くは、この申告調整にかかる手間を省く意味で申告調整が少なくなるような経理を行なう傾向が強くみられます。

これは、中小零細企業にとって最も重要な利害関係者が、融資を受ける金融機関と法人税を納付する課税庁であることも影響していると考えられます。

減価償却に対する考え方も同様で、中小零細企業の多くは申告調整を必要としない税法規定の法定耐用年数を減価償却の計算に用いています。

の関係と申告調整◎

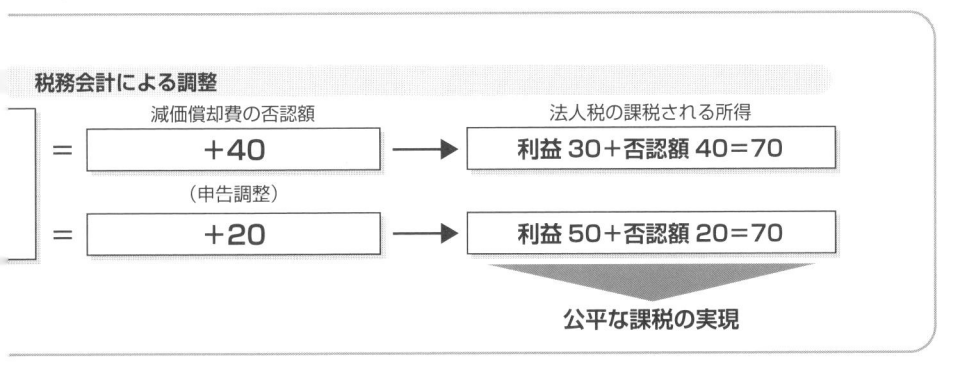

税務会計による調整

	減価償却費の否認額		法人税の課税される所得
=	+40	→	利益30+否認額40=70
	(申告調整)		
=	+20	→	利益50+否認額20=70

公平な課税の実現

62 申告調整のやり方

申告調整は法人税申告書の「別表」で行なう

　財務会計上の利益から税務会計上の所得を導き出す方法を「申告調整」といいますが、この申告調整は、法人税申告書の「**別表**」といわれる書類で行ないます。所得を計算するうえで特に中心となるのは、「**別表四**」と「**別表五（一）**」です。

課税所得の計算を行なう「別表四」

　法人税を算出するうえで、所得を導き出す書類が「別表四」です。
　この別表四では、当期純利益をスタートの金額として、①費用に該当するが損金に算入されない項目と、②収益には該当しないが益金に算入される項目を**加算**し、③収益に該当するが益金に算入されない項目と、④費用には該当しないが損金に算入される項目を**減算**し、最終的に法人

◎「別表四」と「別表五（一）」のしくみ◎

- 法定耐用年数による減価償却費は150,000円
- 交際費のうち10%は損金不算入

損益計算書

売上高	1,000,000
売上原価	300,000
減価償却費	200,000
接待交際費	100,000
税引前当期純利益	400,000
法人税等	160,000
当期純利益	240,000

減価償却費の否認額は社内留保になります。

別表四

当期純利益		240,000
加算	損金に算入した納税充当金	160,000
	減価償却の償却超過額	50,000
	交際費の損金不算入額	10,000
減算		0
		0
課税所得		460,000

別表五（一）

区分	期首現在利益積立金額	当期の増減 減	当期の増減 増	差引翌期首利益積立金額
減価償却償却超過額			50,000	50,000
納税充当金			160,000	160,000

◎「別表四」(簡易様式) のフォーマット◎

（所得の金額の計算に関する明細書（簡易様式））

※表の詳細：当期利益又は当期欠損の額、損金の額に算入した法人税（附帯税を除く）、損金の額に算入した道府県民税（利子割等を除く）及び市町村民税、損金の額に算入した道府県民税利子割額、損金に算入した納税充当金、損金の額に算入した附帯税（利子税を除く）、加算金、延滞金（延納分を除く）及び過怠税、減価償却の償却超過額、役員給与の損金不算入額、交際費等の損金不算入額、小計、減価償却超過額の当期認容額、納税充当金から支出した事業税等の金額、受取配当等の益金不算入額（別表八（一）「14」又は「29」）、外国子会社から受ける剰余金の配当等の益金不算入額（別表八（二）「13」）、受贈益の益金不算入額、適格現物分配に係る益金不算入額、法人税等の中間納付額及び過誤納に係る還付金額、所得税額及び欠損金の繰戻しによる還付金額等、小計、仮計

> 償却超過額が生じた場合はここに記入し、所得に加算します (☞148ページ)。

> 償却超過額が生じた期以降に償却不足額が生じた場合はここに記入し、所得から減算します (☞148ページ)。

税の課税対象となる所得を算出する申告調整を行ないます。

社内に留保された調整項目をあらわす「別表五（一）」

　課税所得を計算する別表四で加算、減算された項目のなかには、来期以降においても課税所得の計算に影響を及ぼすものと、そうでないものがあります。影響を及ぼすものを「**留保**」または「**社内留保**」といい、利益積立金として管理します。その管理をする計算書が「**別表五（一）**」です。また、来期以降に影響を及ぼさない調整項目は「**流出**」または「**社外流出**」といいます。

63 償却限度額と損金経理
損金に算入される減価償却費の計算

　法人税法では、会社の個別の事情や恣意性を排除して公平な課税をするために、法定耐用年数を定め、損金に算入できる限度額を設けており、これを「償却限度額」といいます。償却限度額を超える減価償却費を計上しても、その超える部分については税務上の損金にはなりません。

「償却限度額」とは

　償却限度額は、その資産に適用される減価償却の方法（定額法や定率法、旧定額法、旧定率法など）ごとに定められている計算方法により、それぞれの資産に適用されるべき法定耐用年数に応じた償却率を用いて計算した減価償却費の金額となります。

　なお、事業年度の途中で減価償却資産を購入した場合の償却限度額の計算は、次のように月割計算で行ないます。

$$償却限度額 = その資産が期首からあるものとした場合の償却限度額 \times \frac{その資産を事業の用に供した日から期末までの月数}{その事業年度の月数}$$

（1月未満の端数が生じた場合には、それを1月とします）

損金として認められる減価償却費

　課税される所得の計算上、損金として認められる減価償却費の額は、「償却限度額」と「会社が損金経理した減価償却費」のいずれか少ないほうの金額です。

　「**損金経理**」とは、会社の**決算において費用または損失として計上する**ことをいい、この場合における「損金経理した減価償却費」とは、決算書上、減価償却費として計上している金額ということになります。

　会社が、法定耐用年数を用いて計算した金額を減価償却費として計上していれば、「償却限度額＝損金経理した減価償却費」となり、申告調整は不要となります。

法人税法上は任意償却

法人税法では、償却限度額の範囲内であれば償却費をいくら計上するかは会社の自由に任されています。これを「**任意償却**」といいます。赤字会社などでは、損失を増やさないために減価償却費をまったく計上しないケースもありますが、これも税金計算上は許容されています。

しかし、財務会計の考え方では、会社が決定した耐用年数で毎期、減価償却の計算をしなくてはならず、上記のようなケースでは「粉飾決算」とみられることもあります。

いずれにしろ法人税の計算のうえでは、①償却限度額を超えて減価償却費を計上した場合（=**償却超過**）、②償却限度額に達しない減価償却費を計上した場合（=**償却不足**）の両方を考える必要があります。

◎償却超過と償却不足の場合の損金算入額◎

損金経理した減価償却費	損金経理 → 300　償却不足額	損金算入額は 300
償却限度額	法定耐用年数による償却率で計算した減価償却費 → 500	
損金経理した減価償却費	損金経理 → 800　償却超過額	損金算入額は 500

償却限度額の計算はグループごとに行なう

償却限度額を算定する際は、まず資産を定額法や定率法などの減価償却の方法ごとに分類し、それぞれの方法のなかで、種類、構造、用途、細目、耐用年数が同一の資産をグループ化します。たとえば、耐用年数が同じ20年である木造店舗と木造アパートはグルーピング可能です。

そして、それぞれの耐用年数等に見合った償却率によって償却限度額を算出しますが、このグループに属する資産間では償却超過額や償却不足額を通算することになります。

64 償却超過額の取扱い

償却超過額が発生したときの処理のしかた

「償却超過額」とは

　償却限度額を超える減価償却費を費用計上（損金経理）した場合には、その超える部分の金額は所得の計算上、損金に算入されませんが、この超過する部分の金額を「**償却超過額**」といいます。

　たとえば、ある事業年度の決算において器具備品の減価償却費を300計上し、貸借対照表の器具備品の価額（＝帳簿価額）が800になったとします。この事業年度の器具備品の償却限度額が250である場合には、税務上、損金に算入される器具備品の減価償却費は250となるので、税務上の器具備品の帳簿価額は850となります。

　このように、償却限度額を超える減価償却費の損金経理により生じる償却超過額は、財務上と税務上の資産の帳簿価額にズレを生じさせます。

償却超過額の発生後の事業年度における取扱い

　償却超過額が発生した後の事業年度では、通常の場合と異なり、次のような減価償却に関する前提条件が生じます。

①償却超過額が生じた事業年度の翌事業年度は、その償却超過額と法人が実際に損金経理した減価償却費の合計額が、損金経理した減価償却費として取り扱われます。
②償却超過額が生じた資産の翌事業年度における償却限度額は、償却超過額が生じていないと仮定した未償却残高をもとに、償却率を乗じて計算した金額が償却限度額となります。

　そして、償却超過額が生じた事業年度以降において、②の償却限度額と比較して会社が実際に決算上の費用とした減価償却費のほうが少ない場合は、「償却不足額」が生じたことになり、その不足額と超過額のいずれか少ないほうの金額を損金に算入します。

償却超過額の処理のしかた

【第1期】（償却超過額の発生年度）
- 損金経理した減価償却費は300である。
- 期末の帳簿価額は800である。
- 償却限度額は250である。

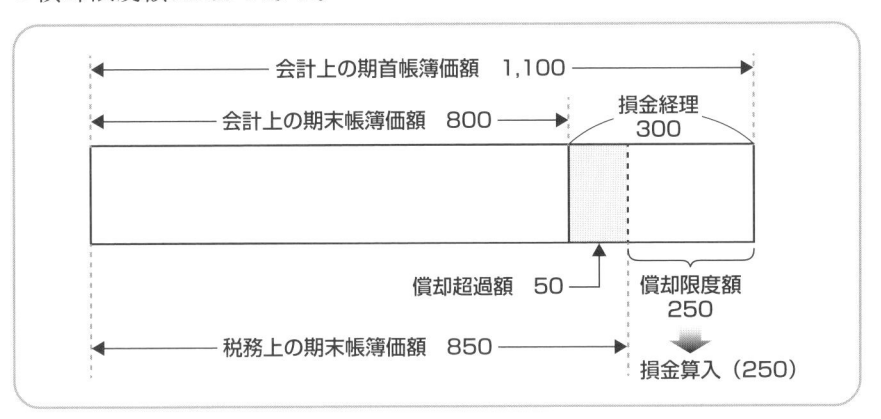

```
←──── 会計上の期首帳簿価額 1,100 ────→
←── 会計上の期末帳簿価額 800 ──→  損金経理
                                    300

                        償却超過額 50 ─↑  償却限度額
                                          250
←──── 税務上の期末帳簿価額 850 ────→  ↓
                                    損金算入（250）
```

【第2期】（償却超過額発生の翌年度）
- 損金経理した減価償却費は130であるが、償却超過額があるので超過額50を加算した180とする。
- 償却限度額は税務上の未償却残高850に償却率を乗じて計算（便宜上150とする）

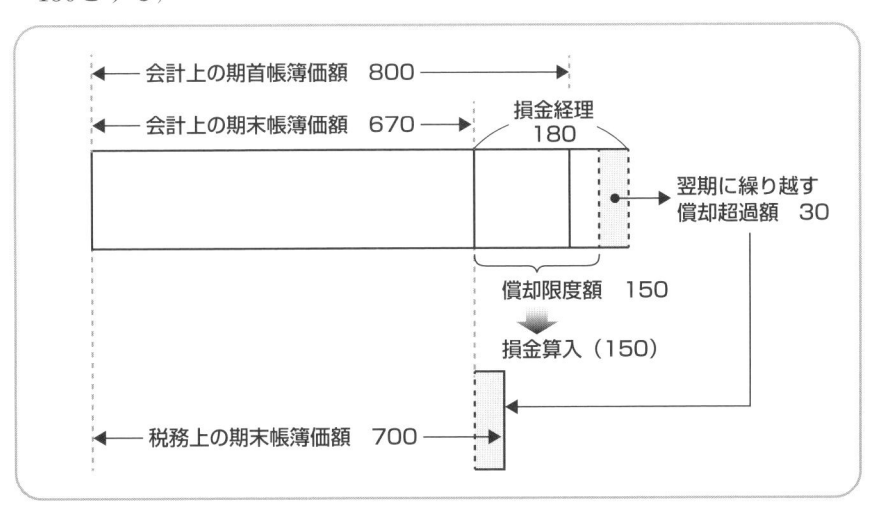

```
←── 会計上の期首帳簿価額 800 ──→
←── 会計上の期末帳簿価額 670 ──→  損金経理
                                    180
                                           →  翌期に繰り越す
                                              償却超過額 30

                                    償却限度額 150
                                    ↓
                                    損金算入（150）

←──── 税務上の期末帳簿価額 700 ────→
```

65 償却不足額の取扱い

償却不足額が発生したときの処理のしかた

「償却不足額」とは

会社が決算書上で費用として処理した減価償却費が、税務上の償却限度額より少ない場合は、その償却限度額と損金経理した減価償却費との差額は「**償却不足額**」と呼ばれます。

この償却不足額の取扱いは、前事業年度以前に償却超過額があるかどうかによって変わってきます。

償却超過額があれば充当される

償却不足額を計上する以前の事業年度において、「償却超過額」が計上されていた場合は、その超過額の残高の範囲内で充当することにより、損金に算入されます（☞148ページ）。

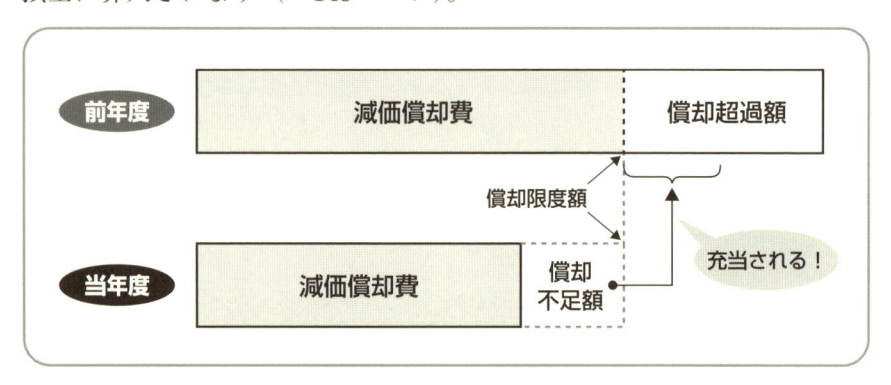

```
前年度  | 減価償却費          | 償却超過額 |
                    ↑償却限度額    ↑
当年度  | 減価償却費       |償却
                          |不足額    充当される！
```

償却超過額がない場合の償却不足額の取扱い

償却不足額が発生しても、充当する償却超過額がない場合に、その不足額を翌期の償却限度額に上乗せするようなことはできません。

したがって、発生した償却不足額は、不足額が生じている資産の法定耐用年数が終了した時点でもなお、その資産の未償却残高として残っていることになります。しかし、法定耐用年数終了後の減価償却費の損金経理によって、この不足額は解消します。

「特別償却不足額」の取扱い

　政策的見地から通常の減価償却費に上乗せすることが認められている減価償却を「**特別償却**」といいますが（☞166ページ）、この特別償却の部分に償却不足額が生じた場合には、**1年間に限り繰り越す**ことが認められており、翌期において損金に算入することができます。

　なお、定率法によって減価償却費の計算をしている場合は、特別償却不足額が生じた翌期の普通償却限度額の計算上、特別償却不足額はすでに償却されているものとして計算します。

◎特別償却不足額の翌期繰越し◎

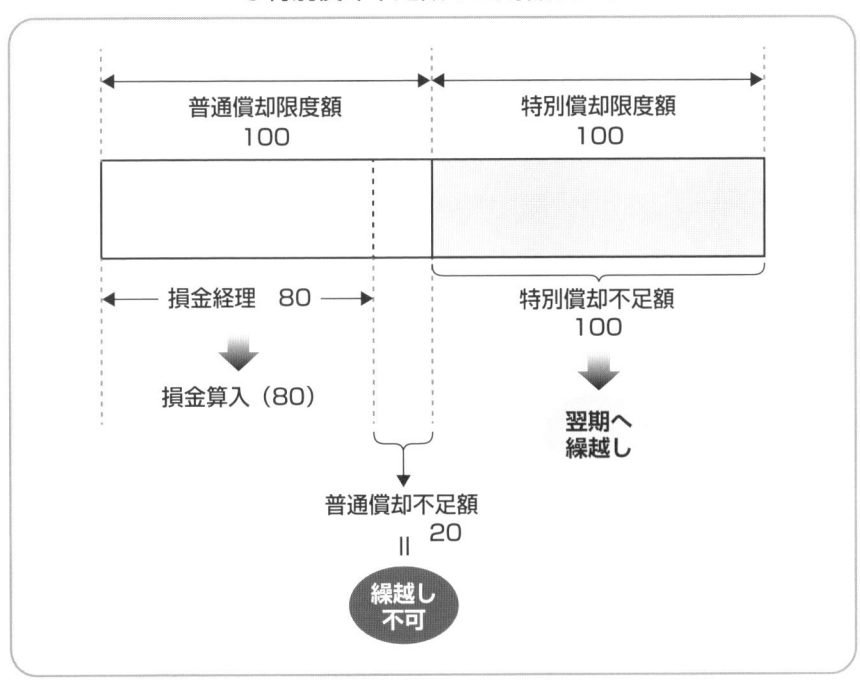

普通償却限度額 100	特別償却限度額 100
損金経理 80 → 損金算入（80）	特別償却不足額 100 → 翌期へ繰越し

普通償却不足額 = 20 → 繰越し不可

66 減価償却と法人税申告書①
減価償却費の計算は別表十六で行なう

別表十六は11種類ある

　減価償却費の損金算入額などの計算を行なう法人税申告書（別表）は、「**別表十六**」と呼ばれる書類です。この別表十六は、計算する内容ごとに「別表十六（一）」から「別表一六（十一）」までの11種類ありますが、このうち一般的によく使われる別表は次のとおりです。

- 別表十六（一）…定額法と旧定額法での減価償却
- 別表十六（二）…定率法と旧定率法での減価償却
- 別表十六（三）…生産高比例法と旧生産高比例法での減価償却
- 別表十六（四）…リース期間定額法での減価償却
- 別表十六（六）…繰延資産の償却
- 別表十六（七）…中小企業者の少額減価償却資産の特例（30万円未満）
- 別表十六（八）…一括償却資産の特例（20万円未満）

代表的なのは「別表十六（一）」と「別表十六（二）」

　「別表十六（一）」と「別表十六（二）」は、それぞれ定額法、定率法を採用する減価償却資産の、減価償却に関する計算を行なう書類です。
　これらの別表では、資産の区分ごとに種類、構造、細目、事業の用に供した年月、耐用年数、取得価額などを記載します。そして、損金算入した減価償却費と償却限度額を記載し、償却不足額と償却超過額を導き出します。

少額減価償却資産の特例に関する明細書は「別表十六（七）」

　「別表十六（七）」は、「中小企業者等の少額減価償却資産の取得価額の損金算入の特例」（取得価額30万円未満の資産の全額損金算入）に関

◎「別表十六（一）」のフォーマット◎

する書類です。この特例を受けるためには、この別表を必ず添付することになっています。

この特例を受ける資産について、その種類、構造、細目、事業供用年月、取得価額などを記載し、その合計額を記載します。

なお、この特例を受ける資産の取得価額の合計額は300万円以下となっていますので注意が必要です。

一括償却資産の損金算入に関する明細書は「別表十六（八）」

「別表十六（八）」は、「一括償却資産の損金算入の特例」（取得価額20万円未満の資産の3年間償却）に関する書類です。この特例を受けるためには、この別表を必ず添付することになっています。

この特例を受ける資産について、事業供用年度ごとに、その取得価額の合計額や当期分の損金算入限度額などを記載します。

67 減価償却と法人税申告書②

償却超過額があったときの別表四と五(一)

償却超過額が生じた事業年度の別表処理

　別表十六関連の明細書で償却超過額が算出された場合は、その金額を「別表四」と「別表五(一)」に移記します。

　この減価償却の償却超過額は、別表四の加算項目となり、課税所得を増加させるとともに、社内留保項目として「別表五(一)」の利益積立金の計算書に移記します（☞148ページ）。

償却超過額が生じた資産に償却不足額があった事業年度の別表処理

　過年度において、償却超過額が生じた資産（グループ）に償却不足額が発生した場合には、償却不足を生じた事業年度の償却限度額の範囲内で減算処理することができます。

　この場合には、「別表四」でその損金算入となる金額を「減価償却超過額の当期認容額」といった名称で減算処理し、同時に「別表五(一)」の該当部分を減少させます。その結果、課税所得は償却超過額の認容分だけ減少することになります（☞148ページ）。

◎「別表五(一)」のフォーマット◎

利益積立金額及び資本金等の額の計算に関する明細書		事業年度	： ：	法人名		別表五(一) 平二十五・四・一以後終了事業年度分
		I 利益積立金額の計算に関する明細書				
御注意 2 1 発行済株式又は出資のうちに二以上の種類の	区　分	期首現在利益積立金額 ①	当期の増減		差引翌期首現在利益積立金額 ①-②+③ ④	
			減 ②	増 ③		
	利益準備金　1	円	円	円	円	
	積立金　2					
	3					
	4					
	5					
	6					
	7					
	8					
	9					
	10					
	11					
	12					

◎償却超過額の発生と申告調整◎

【第1期】（償却超過額発生事業年度）
- 償却限度額は150,000円
- 交際費のうち10%は損金不算入

損益計算書

売上高	1,000,000
売上原価	300,000
減価償却費	**200,000**
接待交際費	100,000
税引前当期純利益	400,000
法人税等	160,000
当期純利益	240,000

別表四

当期純利益		240,000
加算	損金に算入した納税充当金	160,000
	減価償却の償却超過額	50,000
	交際費の損金不算入額	10,000
減算		0
		0
課税所得		460,000

別表五（一）

区分	期首現在利益積立金額	当期の増減 減	当期の増減 増	差引翌期首利益積立金額
減価償却償却超過額			50,000	50,000
納税充当金			160,000	160,000

【第2期】（償却超過額認容事業年度）
- 償却限度額は100,000円
- 交際費のうち10%は損金不算入

損益計算書

売上高	800,000
売上原価	250,000
減価償却費	**80,000**
接待交際費	50,000
税引前当期純利益	420,000
法人税等	150,000
当期純利益	270,000

別表四

当期純利益		270,000
加算	損金に算入した納税充当金	150,000
	減価償却の償却超過額	0
	交際費の損金不算入額	5,000
減算	償却超過額の当期認容額	20,000
		0
課税所得		405,000

別表五（一）

区分	期首現在利益積立金額	当期の増減 減	当期の増減 増	差引翌期首利益積立金額
減価償却償却超過額	50,000	20,000		30,000
納税充当金	160,000	160,000	150,000	150,000

COLUMN

新たな設備投資減税

　平成28年3月に、政府は「中小企業の新たな事業活動の促進に関する法律の一部改正案」を国会に提出しました。愛称は「中小企業等経営強化法」といいます。

　中小企業等が同法にもとづき、労働生産性が年平均3％以上向上することが見込まれる「先端設備等導入計画」を作成し、その計画に沿った設備を導入する市区町村が「導入促進基本計画」を策定している場合に、その市区町村から認定を受けることにより地方税制上の優遇や金融支援措置が受けられるというものです。

　対象となる設備は、令和5年4月1日から令和7年3月31日までに取得した一定の要件を満たす設備で、下表のとおりの固定資産税の優遇が受けられます。

◎固定資産税（償却資産）の特例割合◎

賃上げの表明	設備の取得時期	適用期間	減免割合
×	令和5年4月1日から令和7年3月31日	3年間	2分の1
○	令和5年4月1日から令和6年3月31日	5年間	3分の2
○	令和6年4月1日から令和7年3月31日	4年間	3分の2

　いままでの税制優遇措置の多くは、黒字企業にのみ恩恵があったのに対し、この制度では赤字企業なども恩恵を受けることが可能である点がポイントといえます。

7章

特殊な減価償却のしくみはこうなっている

特別償却

割増償却

6章までマスターできれば、これから減価償却の実務に携わったとしても、ほぼ困ることのない程度の知識を得られたはずです。ただし、減価償却の制度は奥が深く、税務会計のプロでもあまりお目にかからないようなものもあります。ここでは、そんな"応用編"といったレベルの特殊な減価償却のしくみやルールについてみていきましょう。

68 特殊な減価償却の方法
「生産高比例法」による減価償却のしかた

　減価償却の代表的な方法である「定額法」や「定率法」は、減価償却資産の価値の減少を「時間の経過によって把握する」という考え方にもとづいています。それに対し、減価償却資産の使用の度合いに比例して価値が減少していくという考え方にもとづいて資産価値の減少を把握する減価償却の方法が「**生産高比例法**」です。

生産高比例法が選択できる資産は？

　たとえば、中古自動車の市場の値段は、同じ年式・型式・グレードならば、走行距離が多い自動車のほうが走行距離の少ない自動車よりも安くなっているはずです。これは、自動車の価値の減少の把握を「走行距離」という尺度で行なっているといえます。生産高比例法の考え方もそれと同じです。

　自動車（車両運搬具）以外では、航空機や鉱業用減価償却資産の価値の減少の把握にも、この考え方が適用できますが、会計上、生産高比例法を適用できるのは、次の2つの要件を満たしている資産です。

> ● 価値の減少がその資産の利用に比例して発生すること
> ● その資産の総利用可能量が物理的に確定できること

　したがって、例としてあげた自動車であっても、総利用可能量を物理的に算定できない場合は、この生産高比例法の適用にはなじまないことになります。

税務上の生産高比例法の適用

　税務上、生産高比例法を適用することができる資産は、次の2種類のみです。

- 鉱業権
- 鉱業用減価償却資産

「鉱業権」（☞94ページ）とは、特定の区域で特定の鉱物を採取することができる権利のことをいいます。

また「鉱業用減価償却資産」とは、鉱業に直接利用される資産で、たとえば、採掘を行なう坑道に敷設された設備など、その鉱区の埋蔵量のすべてを採取したのちには、他の場所や用途で再利用がほぼできない減価償却資産をいいます。

生産高比例法による減価償却費の計算のしかた

生産高比例法で減価償却費の計算を行なうときは、次の算式を使って計算します。

【生産高比例法の計算式】

$$減価償却費 = 取得価額 \times \frac{その事業年度の採掘数量}{その鉱区の採掘予定数量}$$

なお、減価償却費の計算を行なう資産の耐用年数が、その鉱区の採掘予定年数より短い場合には、その耐用年数内で採掘することが可能な数量を上の算式の分母とします。

また、平成19年3月31日以前に取得した資産の場合には、「旧生産高比例法」で減価償却費を計算します。その計算式は、以下のとおりです。

【旧生産高比例法の計算式】

$$減価償却費 = （取得価額 － 残存価額） \times \frac{その事業年度の採掘数量}{その鉱区の採掘予定数量}$$

69 減価償却の特例①
耐用年数を短縮することもできる

耐用年数の短縮が認められるケースは？

「法定耐用年数」は、減価償却資産を一般的な環境のなかで、通常の稼働状況で稼働した場合に、その資産の種類や構造、用途などから勘案して一般に妥当と考えられる年数を用いています。

しかし、1つ1つの資産で考えた場合、その法定耐用年数よりも明らかに耐用年数が短いと考えられるケースもあるでしょう。その場合は、耐用年数を短縮して減価償却費の計算を行ないたいところです。耐用年数の短縮は、次の事項のすべてに該当する資産であれば認められます。

①耐用年数の短縮事由のどれかに該当する
②その資産の実際の使用可能期間と考えられる期間が法定耐用年数と比較して10％以上短い
③「耐用年数の短縮の承認申請書」および使用可能期間算定明細書等の書類を、所轄税務署経由で国税局長に提出して承認される

なお、平成23年4月1日以後に開始する事業年度において、平成23年6月30日以後に承認を受ける場合は、次のように取り扱われることになりました。

- 短縮の承認を受けた資産は、未経過の使用可能期間を基礎として償却限度額を計算する。
- 定額法等の償却限度額の計算に用いる取得価額は、前事業年度までの償却累計額を含まない。

「耐用年数の短縮事由」とは？

耐用年数の短縮が考えられる事由には、次のようなものがあります。

- 材質または製作方法が他の資産と著しく異なり、その理由で耐用

年数が他と比べて短い
- その資産のある地盤が隆起または沈下した
- 陳腐化した
- 使用する場所の状況によって著しく腐食した
- 通常の修理や手入れをしなかったことにより著しく損耗した
- その有する製造設備等の構成が、通常の構成と著しく異なる
- 機械及び装置で、その資産が属する設備の耐用年数が耐用年数省令別表第二に特掲された設備以外のものである
- その他、上記に準ずる事由により、他と比べて耐用年数が短い

耐用年数短縮の承認申請のしかた

耐用年数の短縮の承認申請は、下図の流れで手続きを行ないます。

【承認申請書に記載する事項】

1	申請の事由	法人税法施行令第57条第1項第6号 法人税法施行規則第16条第2号
2	資産の種類及び名称	「55　前掲の機械及び装置以外のもの並びに前掲の区分によらないもの」の「主として金属製のもの」 ドラインビング・シミュレーター（模擬運転装置）
3	所在場所	○×教習所　東京都江戸川区×××
4	承認を受けようとする使用可能期間	5年
5	法定耐用年数	17年
6	著しく短い事由及びその事実の概要	申請資産の主要部分はコンピュータで構成されており、パソコン等の耐用年数などを勘案し、使用可能期間を見積もったところ、使用可能期間が法定耐用年数に比して著しく短くなった。

⬇　国税局長へ提出

⬇　承認されればその事業年度以降、短縮された耐用年数で減価償却を計算

70 減価償却の特例②
「増加償却」できることがある

　生産数の増加などに伴って工場の操業時間が延びると、生産設備である機械装置の稼働時間も延びて、通常稼働の同一資産と比べて著しく消耗することがあります。
　このような機械装置は、法定耐用年数よりも早い段階で使用ができなくなると考えられるので、一定の条件に該当することと、所要の書類を提出することにより、通常の減価償却費に上乗せする形で「**増加償却**」をすることができます。

増加償却を適用するための条件

　増加償却を適用するためには、次のすべての条件に該当しなければなりません。

> ①定額法または定率法を採用する機械装置であること
> ②通常の使用時間を超えて使用していること
> ③増加償却割合が10％以上であること
> ④増加償却を受けるための届出書を、受けようとする事業年度の確定申告書の提出期限までに提出し、超過操業を証明する書類を保存すること

　上記②の「通常の使用時間」は、耐用年数の適用等に関する取扱通達の付表5というものに掲載されている時間数を使用します。この付表5では、設備の種類ごとに週6日制を前提とした場合の1日の通常の使用時間が8時間、16時間、24時間の3種類で定められています。ただし、通常の使用時間が24時間の設備については、増加償却は適用できません。
　なお、付表5に掲載のない設備については、すべて通常使用時間は24時間として取り扱われます。
　また、③の「増加償却割合」は、次の計算式で算出します。

増加償却割合 ＝ １日あたりの超過使用時間数 × 3.5％
(小数点以下２位未満切上げ)

つまり、通常の使用時間を超過して使用する時間数に3.5％を乗じた割合が10％以上でないと、増加償却は適用できないことになります。

１日あたりの超過使用時間数の算出方法

次の２つの方法があり、どちらの方法を使うかは会社が任意に選択できることになっています。

①取得価額の加重を加味する方法
- まず個々の機械装置の１日平均超過使用時間を求める。
- 個々の機械装置の取得価額が割増償却を受けようとする機械装置の合計額のうちに占める割合を求める。
- 個々の機械装置の１日平均超過使用時間に上記の割合を乗じる。
- 計算された時間を合計した時間を１日あたりの超過使用時間とする。

この方法では、取得価額が大きい機械装置の超過使用時間が、全体の資産のなかで長いほうであれば、１日あたりの超過使用時間も長くなり、有利になります。

②単純平均法

取得価額を加味せず、平均超過使用時間数の合計時間数を個々の機械装置の台数で除して１日あたりの超過使用時間数を算出する方法です。

増加償却の適用がある場合の減価償却費の計算と注意点

増加償却が適用される資産の償却限度額は、次の計算式で求めます。

償却限度額 ＝ 普通償却限度額 × （１＋増加償却割合）

なお、増加償却は、適用を受けようとする事業年度ごとに、増加償却の届出書を提出しなければならないので注意が必要です。

また、設備の通常の使用時間を掲載する付表５は、週６日制を前提とした１日の通常使用時間数を掲載しているので、週５日制を採用する会社では、次のように修正して計算する必要があります。

$$\text{週５日制の通常使用時間} = \text{週６日制の通常使用時間} + \frac{\text{週６日制の通常使用時間}}{5}$$

71 特別償却のしくみ①
「特別償却」の活用と経理処理のポイント

「特別償却」とは

中小企業の事業基盤強化や情報基盤強化、エネルギーの有効利用など、政府が考える産業政策を推進するために、租税特別措置法という法律にもとづいて行なわれる特別の減価償却が「**特別償却**」と呼ばれるものです。

特別償却を行なえば、通常の減価償却によって計算された**減価償却費に上乗せする形で償却費を計上**できるので、資産の購入初期に税務上の優遇を受けられ、資産の購入に投下した資金を早期に回収することが可能となります。

また、この特別償却との選択で、対象資産の取得価額に応じた一定額を法人税から控除する「税額控除」という制度を受けられる場合があり、この場合には、どちらを選択したほうが有利かを判断しなければなりません。

なお、特別償却などの複数の規定に該当する場合でも、重複適用はできません。

特別償却制度は租税特別措置法の規定にもとづいているので、適用期間、内容等は、その適用を受けようと考える年度ごとに規定を確認することをおすすめします。

特別償却による減価償却費を計上した事業年度の経理処理

会社が特別償却を計上した事業年度における経理処理は、次の3通りの方法が認められています。事例を使ってみてみましょう。

【事例】 A社は、取得価額300万円の機械装置について特別償却の適用を受ける。なお、取得した事業年度の普通償却限度額は15万円で特別償却限度額は90万円とする。また、減価償却累計額については直接控除方式で処理している。

①通常の減価償却と同じように処理する方法
　　　（借方）減価償却費　　　15万円　／（貸方）機械装置　　　　15万円
　　　（借方）減価償却費　　　90万円　／（貸方）機械装置　　　　90万円

②資産勘定を減少させず特別償却準備金勘定で処理する方法
　　　（借方）減価償却費　　　15万円　／（貸方）機械装置　　　　15万円
　　　（借方）減価償却費　　　90万円　／（貸方）特別償却準備金　90万円

③特別償却費を費用として処理しない方法
　　　（借方）減価償却費　　　15万円　／（貸方）機械装置　　　　15万円
　　　（借方）繰越利益剰余金　90万円　／（貸方）特別償却準備金　90万円

　上記③は、特別償却の減価償却費を計上せず、償却費相当額をＢ／Ｓ純資産の部の「特別償却準備金」（☞170ページ）勘定に積み立てる方法なので、税金計算上は別表で申告調整（損金算入）が必要になります。

　なお、特別償却は政策上の優遇措置であり、資産自体に実際の減価が発生しているわけではありません。この点を考えると、上記①、②の処理で減価償却費を実際の損益計算に含めてしまうことは会計上問題があるといえます。しかし、③の方法では申告調整を必要とするので、経理処理としては煩雑になってしまうというデメリットもあります。

72 特別償却のしくみ②
中小企業投資促進税制

　特別償却のうち、実務で多く利用されている「**中小企業者等が機械等を取得した場合の特別償却または税額控除**」についてみていきましょう。

適用対象法人と適用対象資産

　上記特別償却（または税額控除）制度は、青色申告書を提出する法人のうち次の法人が対象になります。

> ①特別償却の場合…資本金や出資金の額が１億円以下の一定の法人、資本金や出資金を有しない場合は常時使用する従業員が1,000人以下の法人または農業協同組合等もしくは商店街振興組合
> ②税額控除の場合…上記の法人のうち資本金や出資金の額が3,000万円以下の法人等または農業協同組合、商店街振興組合

　また、この制度の適用対象になる資産は、次に掲げる資産のうち**新品のもの**です。つまり中古資産は対象になりません。
　なお、適用対象となる資産のうちでも、**平成10年６月１日から令和９年３月31日**までの間に取得・製作して指定事業の用に供した場合のみ、この制度の対象になります。

> ①機械及び装置：一の取得価額が160万円以上のもの
> ②測定工具・検査工具（製品品質管理の向上に資するもの）：一の取得価額が120万円以上のもの。または一の取得価額が30万円以上で取得価額合計が120万円以上のもの
> ③ソフトウェア（複写販売用の原本、開発研究用、OSのうち一定のものを除く）：一の取得価額または取得合計額が70万円以上のもの
> ④道路運送車両法に規定する普通自動車で、貨物運送用に供される

車両総重量3.5トン以上のもの
⑤内航海運業の用に供される船舶

　この特別償却制度を適用するには、上記の適用対象資産を、**製造業、建設業、卸売業、小売業などの指定事業**の用に供している必要がありますが、指定事業のなかでも性風俗関連特殊営業や映画業を除く娯楽業に該当する事業、料亭、バー、キャバレー等のうち生活衛生同業組合員以外のものが行なう事業も除外されます。

償却限度額と税額控除限度額、申告要件

　この特別償却制度による償却限度額は、次の算式で求めます。

> 特別償却限度額 ＝ 基準取得価額の30％相当額

　したがって、該当資産の償却限度額は、**普通償却費と上記の特別償却限度額の合計額**となります。ここで「基準取得価額」とは、船舶の場合はその取得価額に75％を乗じた金額であり、その他の資産についてはその取得価額をいいます。一方、上記制度の税額控除を選択した場合の税額控除限度額は、次のようにして求めます。

> 税額控除限度額(※) ＝ ●基準取得価額の7％相当額
> 　　　　　　　　　　●その事業年度の法人税額の20％相当額
> 　　　　　　　　　　　　　いずれか少ない金額

(※) この制度の税額控除、経営改善設備を取得した場合の税額控除、168ページの特定経営力向上設備等を取得した場合の税額控除の合計額と法人税の20％相当額のいずれか少ない金額が控除限度額となります。

　基準取得価額の7％相当額がその事業年度の法人税額の20％相当額を超えてしまった場合には、その超える部分の金額については1年間の繰越しが認められています。

　なお、この制度の適用を受ける場合には、確定申告書に計算明細書を添付するとともに、税額控除の場合は、その金額の申告書への記載も必要とされています。

73 特別償却のしくみ③
経営力向上設備を取得したときの特別償却

72項の特別償却以外にも、新たな税制改正で誕生した特別償却制度があるので紹介しておきましょう。

特別償却・税額控除で中小企業者の経営力強化を後押し

この制度は、平成29年度の税制改正で新設されたもので、経営力強化をめざす中小企業者の生産設備への投資促進を目的とするものです。

【適用対象者】

中小企業等経営強化法に規定する経営力向上計画の認定を受けた一定の中小企業者または農業協同組合等、商店街振興組合で青色申告書を提出する法人です。ただし、過去3事業年度の所得金額の年平均額が15億円を超える法人などは除外されます。

【対象となる資産】

生産等設備のうち「特定経営力向上設備等」を構成する一定規模の固定資産で、平成29年4月1日から令和9年3月31日までに取得等をされ、指定事業の用に供した資産です。ただし、中古資産、貸付用資産は該当しません。

【生産等設備とは】

事業に直接供される減価償却資産で構成される設備をいい、本店や寄宿舎の建物、事務用の器具備品、福利厚生施設などは該当しません。

【特定経営力向上設備等とは】

次の類型ごとに要件を満たした設備をいいます。

①生産性向上設備（A類型）：旧モデルに比較して生産性向上指標が平均1％以上向上する設備として工業会等の確認を受けた設備
②収益力強化設備（B類型）：年平均の投資利益率を7％以上と見込む投資計画として経済産業大臣の確認を受けた計画に記載された設備

また令和7年度税制改正では、生産性向上設備導入に付随する建物および建物付属設備で1,000万円以上のものも対象とする等の拡充が行な

われています。

③経営資源集約化に資する設備（D類型）：投資計画終了年次の修正ROAまたは有形固定資産回転率が一定以上上昇する投資計画に係るものとして経済産業大臣の確認を受けた設備

【一定の規模のものとは】

特定経営力向上設備を構成する資産のうち、対象要件となる一定の規模とは次のとおりです。

①機械装置……… 一の取得価額が160万円以上のもの
②工具器具備品… 一の取得価額が30万円以上のもの
③建物附属設備… 一の取得価額が60万円以上のもの
④ソフトウェア… 一の取得価額が70万円以上のもの

【指定事業とは】

中小企業投資促進税制（☞166ページ）に規定する指定事業など一定の指定事業をいいます。

【特別償却額・税額控除額】

特別償却と税額控除を選択適用することができます。また、それぞれの金額は下表のとおりです。

適用制度	適用対象者	適用対象金額
特別償却	すべての対象者	取得価額から普通償却限度額を控除した金額
税額控除（※）	資本金または出資金の額が3,000万円を超える一定の法人	取得価額の7％相当額の合計額
	上記以外	取得価額の10％相当額の合計額

（※1）税額控除による場合は法人税額の20％相当額が控除限度額となり、限度超過額については1年間の繰越しが認められます。
（※2）この制度の税額控除、166ページの中小企業投資促進税制における税額控除、経営改善設備を取得した場合の税額控除の合計額と法人税の20％相当額のいずれか少ない金額が控除限度額となります。

なお、この特別償却の適用を受けるためには、確定申告書等に所定の計算明細書と特定経営力向上設備等に該当する資産であることを証明する認定書のコピーを添付する必要があります。

また令和7年度の税制改正では、B類型を拡充するなど若干の変更が加えられています。

74 特別償却のしくみ④

「特別償却準備金」と税務の取扱い

特別償却準備金を計上した事業年度の処理

特別償却の経理処理を、損金経理しないで純資産の部に特別償却準備金を積み立てる方法で行なった場合（☞165ページの③の方法）は、会計上の費用は未計上となっているので、法人税申告書の別表において調整することにより、税務上の損金として取り扱う処理をします。

この損金算入が認められるためには、別表四での減算処理に加えて、「特別償却準備金の損金算入に関する明細書」（別表十六（七））を確定申告書に添付する必要があります。

翌事業年度以降の処理のしかた

特別償却に伴って計上した特別償却準備金は、その翌事業年度から次に掲げる区分に応じた一定の期間で毎期均等額を取り崩していくことが強制されます。

この取崩額は、税務上の益金となるので別表四で加算処理することになります。

- 耐用年数が10年以上の資産の場合
  →7年間（毎期7分の1ずつの均等取崩し）
- 耐用年数が10年未満の資産の場合
  →5年間とその資産の耐用年数のいずれか短い年数（毎期均等の取崩し）

特別償却の償却不足額の1年間の繰越し

特別償却で償却不足が生じた場合には、1年間に

【第1期】（特別償却準
- 特別償却限度額は54万円。
- 交際費のうち10％は損金

損益計算書

売上高
売上原価
減価償却費
接待交際費
税引前当期純利益
法人税等
当期純利益

別表四

当期純利益		
加算	損金に算入した納税充	
	減価償却の償却超過額	
	交際費の損金不算入額	
減算	特別償却準備金積立額	
課税所得		

【第2期】（特別償却準
- 積立金の取崩しは5年で
- 交際費のうち10％は損金

損益計算書

売上高
売上原価
減価償却費
接待交際費
税引前当期純利益
法人税等
当期純利益

別表四

当期純利益		
加算	損金に算入した納税充	
	特別償却準備金取崩額	
	交際費の損金不算入額	
減算		
課税所得		

限り、繰り越して翌事業年度において損金に算入することが認められています（☞151ページ）。

この場合には、不足が生じた事業年度とそれを損金算入する事業年度の両方で「特別償却準備金の損金算入に関する明細書」を確定申告書に添付して提出する必要があります。

◎特別償却準備金積立年度の処理の流れ◎

備金積立年度）
処理は損金経理せず積立金処理する方法による。　●普通償却限度額は500,000円
不算入

	1,500,000
	300,000
	500,000
	100,000
	600,000
	240,000
	360,000

		360,000
当金		240,000
		0
		10,000
		540,000
		0
		70,000

貸借対照表

資産の部		負債の部	
現金預金	2,000,000	借入金	230,000
		純資産の部	
機械装置	760,000	**特別償却準備金**	**540,000**
		繰越利益剰余金	1,990,000
	2,760,000		2,760,000

別表五（一）

区分	期首現在利益積立金額	当期の増減		差引翌期首利益積立金額
		減	増	
特別償却準備金			540,000	540,000
特別償却準備金認容			△540,000	△540,000

◎特別償却準備金取崩翌年度の処理の流れ◎

備金取崩年度）
行なう　●償却限度額は300,000円
不算入

	1,500,000
	300,000
	300,000
	100,000
	800,000
	320,000
	480,000

		480,000
当金		320,000
		108,000
		10,000
		0
		918,000

貸借対照表

資産の部		負債の部	
現金預金	2,564,000	借入金	230,000
		純資産の部	
機械装置	460,000	**特別償却準備金**	**432,000**
		繰越利益剰余金	2,362,000
	3,024,000		3,024,000

別表五（一）

区分	期首現在利益積立金額	当期の増減		差引翌期首利益積立金額
		減	増	
特別償却準備金	540,000		△108,000	432,000
特別償却準備金認容	△540,000	△108,000		△432,000

75 割増償却のしくみ
「割増償却」の活用と経理処理のポイント

「割増償却」とは

「割増償却」とは、国が考える産業政策の実現に資する固定資産の購入などに税制上の優遇措置を講じるために、租税特別措置法にもとづいて行なわれる一種の特別償却です。この割増償却を活用すると、特定の事業の用に供するために購入、使用する減価償却資産について、通常の減価償却費に一定の割合で割り増した減価償却費の計上が認められます。

なお、割増償却制度は租税特別措置法の規定にもとづいているので、**適用期間、内容等はその適用を受けようと考える年度ごとに法律等の規定を確認すること**をおすすめします。

割増償却の代表的な2つの制度について、概要をみていきましょう。

輸出事業用資産の割増償却

青色申告書を提出する法人で、農林水産物及び食品の輸出の促進に関する法律に規定する認定輸出事業者に該当する事業者が、農林水産省に認定された輸出事業計画にもとづいて取得し、事業の用に供した一定の資産（輸出事業用資産）については、その資産の普通償却限度額に対し一定の割合を乗じた割増償却をすることができます。

これは、わが国の輸出産業を支援する取組みの一環で、代表的な割増償却制度の1つといえます。

◎輸出事業用資産の割増償却の内容◎

取得・事業共用日	令和4年10月1日から令和8年3月31日まで
取得資産の内容	新品の機械装置、建物等、構築物で農林水産物または食品の生産・加工・流通等の合理化などに資するもの
割増償却期間	事業共用日以後5年以内の各事業年度（事業に共用していることが条件）
割増償却率	普通償却額限度額の30%（建物等・構築物は35%）

倉庫用建物等の割増償却

青色申告書を提出する個人または法人で、流通業務の総合化及び効率化の促進に関する法律に規定する認定・確認を受けた者が、その計画にもとづく設備の一環として取得し、事業の用に供した資産については、地方運輸局長が発行する証明書を適用初年度の確定申告書に添付することにより割増償却を行なうことができます。

わが国産業を下支えする流通業の活性化に資するための優遇措置だといえます。

◎倉庫用建物等の割増償却◎

取得・事業共用日	昭和49年4月1日から令和8年3月31日まで
取得資産の内容	倉庫建物、冷蔵倉庫建物、到着時刻表示装置、搬入用自動運搬装置等の資産で一定のもの
割増償却期間	事業共用日以後5年以内の各事業年度（事業に共用していることが条件）
割増償却率	普通償却額限度額の8％（令和4年3月31日以前の場合は10％）

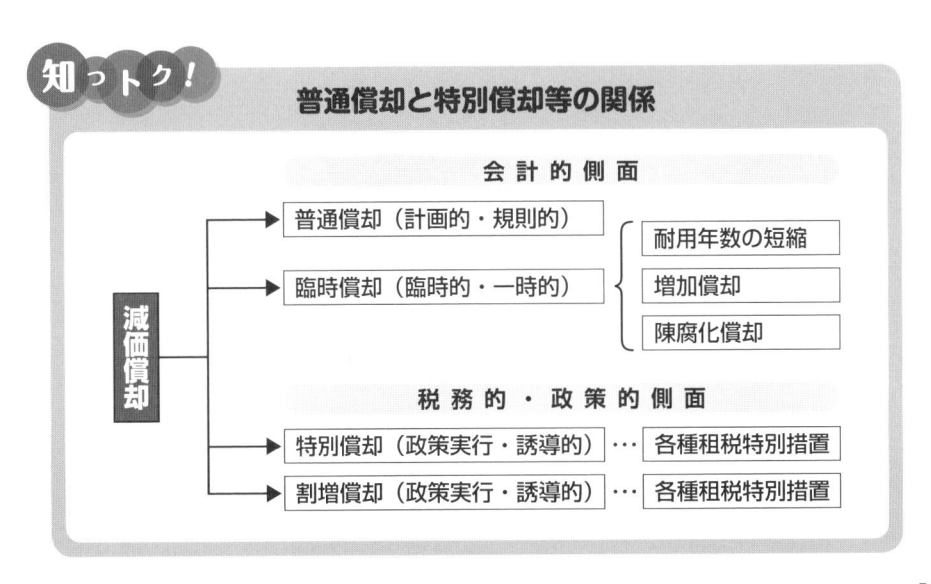

知っトク！ 普通償却と特別償却等の関係

会計的側面
- 減価償却
  - 普通償却（計画的・規則的）
  - 臨時償却（臨時的・一時的）
    - 耐用年数の短縮
    - 増加償却
    - 陳腐化償却

税務的・政策的側面
  - 特別償却（政策実行・誘導的）…各種租税特別措置
  - 割増償却（政策実行・誘導的）…各種租税特別措置

76 圧縮記帳のしくみ
「圧縮記帳」の活用と経理処理のポイント

「圧縮記帳」とは

　災害などで被害を受けて、使用不能となった資産があったとします。この資産に保険を掛けていた場合は、保険会社から保険金を受け取り、この保険金を元手にして代替資産の購入を考えると思いますが、ここで問題となるのが保険金の税務上の取扱いです。

　保険金を受け取ると、税務上の収益となるので法人税等が課税されるため、被災した会社の代替資産の獲得資金はその税金分だけ目減りしてしまうことになります。

　これを回避するために認められているのが「**圧縮記帳**」という制度です。

　圧縮記帳の対象となるのは、次のようなケースです。

- 国庫補助金等の支給額で固定資産を取得した場合
- 保険金等で固定資産を取得した場合
- 交換等により固定資産を取得した場合
- 特定の資産の買替え等により固定資産を取得した場合

圧縮記帳による課税の繰延べ効果

　圧縮記帳では、新たに取得した資産の取得価額から圧縮額を控除するので、本来の資産の取得価額よりも資産として計上する金額が小さくなります。その減額された取得価額は、**減価償却費の計算から除外される**ことになるので、その資産の耐用年数にわたり、分割して課税されることになります。

　つまり圧縮記帳は、課税が一時に発生することなく、繰り延べられて課税されるという効果が生じるのです。

圧縮記帳したときの経理処理

たとえば、国庫補助金500万円を受けて、1,000万円の建物を取得したとします。この場合、「国庫補助金収入」という収益項目が500万円計上されます。そして、それに対する建物の圧縮額をどのように計上するかについては、次の3つの処理方法があります。

①**圧縮損を損金経理し、建物の取得価額を直接減額する方法**
　　（借方）建物圧縮損　　500万円　／　（貸方）建　　物　　500万円
②**圧縮損を損金経理し、それに対する積立金を計上する方法**
　　（借方）建物圧縮損　　500万円　／　（貸方）圧縮積立金　500万円
③**損益計算から切り離し、純資産の部で処理する方法**
　　（借方）繰越利益剰余金 500万円　／　（貸方）圧縮積立金　500万円

このうち②と③の方法は、建物の取得価額自体を減額していないので、会計上の減価償却費の計算は、圧縮前の減価償却費を計上することになります。圧縮額に対応する部分の減価償却費は、税務上の損金とはならないので、法人税申告書の別表で**「償却超過額」**として**減算処理**しなくてはなりません。

◎圧縮記帳の具体例◎

- 建物（帳簿価額1,000万円）が火災により滅失し、保険会社より1,200万円の保険金を受領した。
　　（借方）現金預金　　1,200万円　／　（貸方）建　　物　　1,000万円
　　　　　　　　　　　　　　　　　　　（貸方）保険差益　　　200万円
- 新たな建物を1,500万円で購入した。
　　（借方）建　　物　　1,500万円　／　（貸方）現金預金　　1,500万円
- 圧縮記帳により圧縮損を計上し、直接控除した。
　　（借方）建物圧縮損　　200万円　／　（貸方）建　　物　　200万円

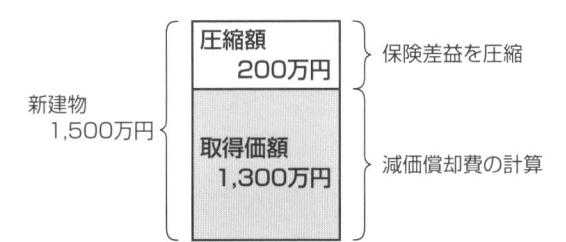

新建物 1,500万円
- 圧縮額 200万円 … 保険差益を圧縮
- 取得価額 1,300万円 … 減価償却費の計算

77 リース取引と減価償却①
リース取引の会計処理のしかた

「リース取引」とは、リース契約期間にわたってリース料を支払うことにより固定資産を使用する権利を得る取引形態をいいます。購入する場合のように、まとまった資金を用意する必要がないことが大きなメリットです。

従来のリース会計基準での取扱い

いままでのリース会計基準では、リース取引をその取引態様に応じて大別し、会計処理を定めていました。

①ファイナンス・リース取引：通常の売買取引に準拠した会計処理

契約の途中解約が実質的にできず、物件代金や諸費用等の全額がリース料として貸し手に支払われるなど一定のリース取引です。

②オペレーティング・リース取引：通常の賃貸借取引に準拠した会計処理

ファイナンス・リース取引に該当する取引以外のリース取引です。

③重要性が乏しいリース資産などの簡便的な処理

ファイナンス・リース取引において、リース期間が1年以内のものやリース料総額が300万円以下のものなど重要性が乏しいと認められる場合は、売買取引ではなく賃貸借取引として会計処理をすることも認められます。

新リース会計基準での取扱い

令和6年9月に企業会計基準第34号「リースに関する会計基準」が公表され、以下のような取扱いの変更が令和9年4月1日以降開始する事業年度・連結会計年度から適用されます（早期適用も許容されます）。

①リース取引の概念整理

リース取引について「原資産を使用する権利を一定期間にわたり対価と交換に移転する契約または契約の一部」と包括的に定義されました。

一定の資産の賃貸借契約などもリース取引に含まれることになります。

②借手側の会計処理

「ファイナンス・リース」、「オペレーティング・リース」の区分がなくなり、すべてのリース取引を貸借対照表に計上します。借手側の会計処理は下表のようになります。

	改正前基準		新基準	
	借方	貸方	借方	貸方
リース契約開始時	仕訳なし		使用権資産	リース負債
リース料支払い時	リース料	現預金	リース負債	現預金
			支払利息	
決算時	仕訳なし		減価償却費	使用権資産

(出展:㈱TKC出版『Q&A令和7年度税制改正の留意点』)

③貸手側の会計処理

いままでのリース会計基準では、リース料の受取時に収益を認識する延払基準が認められていましたが、新基準ではそのリース契約の開始時にリース総額を収益として計上する方法に統一されます。

中小企業のリース会計

上記のリース会計基準は、上場企業や会計監査人を設置する企業に強制的に適用されます。

それら以外の中小企業は、「中小企業の会計に関する指針」や「中小企業の会計に関する基本要領」などの規則にのっとり、いままでの処理を継続することが認められています。

78 リース取引と減価償却②
リース取引の税務上の処理のポイント

会計と税務における概念の違い

税務におけるリース取引は、会計上のリース取引のうち、ファイナンス・リース取引のみを対象にしており、会計上、オペレーティング・リース取引とされる取引については賃貸借取引とされます。

リース会計基準	税務
ファイナンス・リース取引	リース取引
所有権移転ファイナンス・リース取引	所有権移転リース取引
所有権移転外ファイナンス・リース取引	所有権移転外リース取引
オペレーティング・リース取引	リース取引以外の賃貸借取引

上表の定義は、名称が違うだけでほぼ同義ですが、所有権移転リース取引に該当する条件で税務に特有なものが「**リース期間が耐用年数に比して相当短いリース取引**」という条件です。この場合の「相当短い」とは、耐用年数の70%（耐用年数が10年以上のリース資産については60%）に相当する年数を下回る期間をいいます。

この税務上の規定があるので、会計上では所有権移転外であると判断されても、税務では所有権移転であるとされるケースが生じます。

リース取引の原則的な税務上の取扱い

税務上のリース取引の取扱いは次のとおりです。

リース取引の形態	取引の類型	原則的方法
所有権移転リース取引	売買取引	通常の減価償却
所有権移転外リース取引	売買取引	リース期間定額法
重要性の乏しいリース資産など	売買取引	上記の方法 （賃貸借処理も容認）

「リース期間定額法」とは

　税務上、平成20年4月1日以後に契約する所有権移転外リース取引におけるリース資産の減価償却費は、次の計算式による「リース期間定額法」で行ないます。なお、それより前に契約しているものについては、従前どおり賃貸借処理を行ないます。

$$\left(\begin{array}{c}\text{リース資産の}\\ \text{取得価額}\end{array} - \begin{array}{c}\text{賃借人の}\\ \text{残価保証額}\end{array}\right) \times \frac{\text{その事業年度における}\text{リース期間の月数}}{\text{リース期間の総月数}}$$

　このリース期間定額法により減価償却費を計上する場合には、その資産の事業年度における「償却額の計算に関する明細書」（法人税申告書の別表十六（四））を添付しなければなりません。

　なお、「残価保証額」とは、契約時にリース期間終了時の資産の処分価額を取り決め（＝保証額）、実際の終了時にその資産の処分価額が保証額に満たなかった場合に、その満たない部分の金額を借り手が貸し手に支払うことが契約に明記されている場合の、その保証額をいいます。

　また、月数について1月未満の端数は1月として計算します。

令和7年度の税制改正

　新リース会計基準を踏まえ、令和9年4月1日以後に開始する事業年度より以下のような改正が行なわれます。

①所有権移転外リース取引（借手側）

　残価保証額がある場合でも、残存価額ゼロとして減価償却を行なう（経過措置あり）。

②リース譲渡に係る収益・費用の帰属時期の特例の廃止（貸手側）

　会計基準の変更に合わせ、税務上も延払基準による収益・費用の計上容認を廃止しました（経過措置あり）。

COLUMN

税効果会計と減価償却

　企業会計が、適正な期間損益計算にもとづいた利益の算出を目的とするものであるのに対して、法人税等の計算では、租税の公平を実現するために企業会計上の利益に調整が加えられます。この調整は、企業の利益と算出される税金の時期的ズレの原因となります。

　たとえば、企業が耐用年数5年として減価償却費を計算し、利益を算定しても、法定耐用年数が7年であれば、法人税を計算するうえでは減価償却超過額を加算して課税所得を計算し、それから税額を導き出します。つまり、企業会計上の利益と法人税はリンクしないのです。

　しかし、その利益と所得のズレは、その後の事業年度において償却超過額の認容による減算が生じることにより解消します。その解消年度でも利益と法人税はリンクしないことになりますが、加算年度と減算年度をあわせて考えれば調整がとれたことになります。

　この場合の減価償却超過額などの差異は「**一時差異**」と呼ばれ、その差異に税率を乗じた金額（＝法人税等調整額）を利益に加減算することにより会計上の利益と法人税等の期間的なズレを解消させることが可能になります。これが「**税効果会計**」のしくみです。

【中小企業と税効果会計】

　中小企業で税効果会計を導入している会社は多くありません。税務申告書の作成に対する労力を減らすために、最初から税法の基準を用いた会計処理を行なうので、税効果会計に該当する一時差異が少ないということも理由の1つですが、決算書の作成が煩雑になることや、なにより利害関係者が銀行や課税庁などに限定されているので、そもそもそこまでの開示があまり必要とされていないことがその大きな理由でしょう。

　しかし、日本税理士会連合会などによって作成された「中小企業の会計に関する指針」では、税効果会計の導入が中小企業に対しても求められており、金融機関から信頼される決算書の作成を考える企業を中心に、今後は適用企業が増加することも考えられます。

【参　考】

　減価償却に関する実務で欠かせないのが、「減価償却資産の耐用年数等に関する省令」（いわゆる「耐用年数省令」）です。

　耐用年数省令では、減価償却資産の取扱いについて第一条から第六条までの規定があるほか、耐用年数について別表第一から別表第十一まで規定されています。

　そのうち、**別表第七から別表第十**について以下に掲載しておきます。参考にしてください。

　なお、別表第一から別表第六まで、および別表第十一については、もくじ後の「減価償却資産の取扱い、耐用年数について知りたいときは」で紹介したサイトなどでご確認ください。

耐用年数省令 別表第七、第八、第九

- 平成19年3月31日以前取得資産の旧定額法および旧定率法の償却率表（別表第七）
- 平成19年4月1日以後取得資産の定額法の償却率表（別表第八）

【別表第七】　　　　　　　　　　　　　　【別表第八】

耐用年数	平成19年3月31日以前取得		耐用年数	平成19年4月1日以後取得
	旧定額法償却率	旧定率法償却率		定額法償却率
2	0.500	0.684	2	0.500
3	0.333	0.536	3	0.334
4	0.250	0.438	4	0.250
5	0.200	0.369	5	0.200
6	0.166	0.319	6	0.167
7	0.142	0.280	7	0.143
8	0.125	0.250	8	0.125
9	0.111	0.226	9	0.112
10	0.100	0.206	10	0.100
11	0.090	0.189	11	0.091
12	0.083	0.175	12	0.084
13	0.076	0.162	13	0.077
14	0.071	0.152	14	0.072
15	0.066	0.142	15	0.067
16	0.062	0.134	16	0.063
17	0.058	0.127	17	0.059
18	0.055	0.120	18	0.056
19	0.052	0.114	19	0.053
20	0.050	0.109	20	0.050
21	0.048	0.104	21	0.048
22	0.046	0.099	22	0.046
23	0.044	0.095	23	0.044
24	0.042	0.092	24	0.042
25	0.040	0.088	25	0.040

- 平成19年4月1日～平成24年3月31日取得資産の定率法の償却率、改定償却率、保証率の表（別表第九）

【別表第九】

耐用年数	平成19年4月1日～平成24年3月31日取得 定率法		
	償却率	改定償却率	保証率
2	1.000	—	—
3	0.833	1.000	0.02789
4	0.625	1.000	0.05274
5	0.500	1.000	0.06249
6	0.417	0.500	0.05776
7	0.357	0.500	0.05496
8	0.313	0.334	0.05111
9	0.278	0.334	0.04731
10	0.250	0.334	0.04448
11	0.227	0.250	0.04123
12	0.208	0.250	0.03870
13	0.192	0.200	0.03633
14	0.179	0.200	0.03389
15	0.167	0.200	0.03217
16	0.156	0.167	0.03063
17	0.147	0.167	0.02905
18	0.139	0.143	0.02757
19	0.132	0.143	0.02616
20	0.125	0.143	0.02517
21	0.119	0.125	0.02408
22	0.114	0.125	0.02296
23	0.109	0.112	0.02226
24	0.104	0.112	0.02157
25	0.100	0.112	0.02058

耐用年数	【別表第七】平成19年3月31日以前取得		耐用年数	【別表第八】平成19年4月1日以後取得
	旧定額法償却率	旧定率法償却率		定額法償却率
26	0.039	0.085	26	0.039
27	0.037	0.082	27	0.038
28	0.036	0.079	28	0.036
29	0.035	0.076	29	0.035
30	0.034	0.074	30	0.034
31	0.033	0.072	31	0.033
32	0.032	0.069	32	0.032
33	0.031	0.067	33	0.031
34	0.030	0.066	34	0.030
35	0.029	0.064	35	0.029
36	0.028	0.062	36	0.028
37	0.027	0.060	37	0.028
38	0.027	0.059	38	0.027
39	0.026	0.057	39	0.026
40	0.025	0.056	40	0.025
41	0.025	0.055	41	0.025
42	0.024	0.053	42	0.024
43	0.024	0.052	43	0.024
44	0.023	0.051	44	0.023
45	0.023	0.050	45	0.023
46	0.022	0.049	46	0.022
47	0.022	0.048	47	0.022
48	0.021	0.047	48	0.021
49	0.021	0.046	49	0.021
50	0.020	0.045	50	0.020

【別表第九】

耐用年数	平成19年4月1日〜平成24年3月31日取得 定率法		
	償却率	改定償却率	保証率
26	0.096	0.100	0.01989
27	0.093	0.100	0.01902
28	0.089	0.091	0.01866
29	0.086	0.091	0.01803
30	0.083	0.084	0.01766
31	0.081	0.084	0.01688
32	0.078	0.084	0.01655
33	0.076	0.077	0.01585
34	0.074	0.077	0.01532
35	0.071	0.072	0.01532
36	0.069	0.072	0.01494
37	0.068	0.072	0.01425
38	0.066	0.067	0.01393
39	0.064	0.067	0.01370
40	0.063	0.067	0.01317
41	0.061	0.063	0.01306
42	0.060	0.063	0.01261
43	0.058	0.059	0.01248
44	0.057	0.059	0.01210
45	0.056	0.059	0.01175
46	0.054	0.056	0.01175
47	0.053	0.056	0.01153
48	0.052	0.053	0.01126
49	0.051	0.053	0.01102
50	0.050	0.053	0.01072

(注) 耐用年数省令別表第七、別表第八および別表第九には、耐用年数100年までの計数が揚げられています。

耐用年数 別表第十

平成24年4月1日以後に取得をされた減価償却資産の定率法の償却率、改定償却率および保証率の表

耐用年数	償却率	改定償却率	保証率
2	1.000	—	—
3	0.667	1.000	0.11089
4	0.500	1.000	0.12499
5	0.400	0.500	0.10800
6	0.333	0.334	0.09911
7	0.286	0.334	0.08680
8	0.250	0.334	0.07909
9	0.222	0.250	0.07126
10	0.200	0.250	0.06552
11	0.182	0.200	0.05992
12	0.167	0.200	0.05566
13	0.154	0.167	0.05180
14	0.143	0.167	0.04854
15	0.133	0.143	0.04565
16	0.125	0.143	0.04294
17	0.118	0.125	0.04038
18	0.111	0.112	0.03884
19	0.105	0.112	0.03693
20	0.100	0.112	0.03486
21	0.095	0.100	0.03335
22	0.091	0.100	0.03182
23	0.087	0.091	0.03052
24	0.083	0.084	0.02969
25	0.080	0.084	0.02841

耐用年数	償却率	改定償却率	保証率
26	0.077	0.084	0.02716
27	0.074	0.077	0.02624
28	0.071	0.072	0.02568
29	0.069	0.072	0.02463
30	0.067	0.072	0.02366
31	0.065	0.067	0.02286
32	0.063	0.067	0.02216
33	0.061	0.063	0.02161
34	0.059	0.063	0.02097
35	0.057	0.059	0.02051
36	0.056	0.059	0.01974
37	0.054	0.056	0.01950
38	0.053	0.056	0.01882
39	0.051	0.053	0.01860
40	0.050	0.053	0.01791
41	0.049	0.050	0.01741
42	0.048	0.050	0.01694
43	0.047	0.048	0.01664
44	0.045	0.046	0.01664
45	0.044	0.046	0.01634
46	0.043	0.044	0.01601
47	0.043	0.044	0.01532
48	0.042	0.044	0.01499
49	0.041	0.042	0.01475
50	0.040	0.042	0.01440

（注）　耐用年数省令別表第十には、耐用年数100年までの計数が掲げられています。

参考

さくいん

あ

- 青色申告 ………………………… 52
- 圧縮記帳 ………………………… 174
- 意匠権 …………………………… 95
- 一括償却資産の損金算入制度 …… 118
- 一括償却資産の特例 ……………… 47
- 医療用機器等の特別償却 ………… 165
- 売上原価 ………………………… 18
- 売上総利益 ……………………… 18
- 売上高 …………………………… 18
- 営業外収益 ……………………… 18
- 営業外費用 ……………………… 18
- 営業権 …………………………… 95
- 営業利益 ………………………… 18
- 衛生設備 ………………………… 80
- エネルギー環境負荷低減推進設備等を取得した場合の特別償却 ………… 165
- オペレーティング・リース取引 …… 177

か

- 開業費 …………………………… 102
- 改定取得価額 …………………… 63
- 改定償却率 ……………………… 63
- 開発費 …………………………… 102
- 貸方 ……………………………… 21
- ガス設備 ………………………… 80
- 課税所得 …………………… 16、30
- 可動間仕切り …………………… 80
- 株式交付費 ……………………… 102
- 借方 ……………………………… 21
- 勘定科目 ………………………… 21
- 勘定科目（損益計算書） ………… 26
- 勘定科目（貸借対照表） ………… 24
- 間接控除法 ………………… 132、135
- 間接法 …………………………… 140
- 機械装置 ………………………… 84
- 器具備品 ………………………… 92
- キャッシュ・フロー計算書 ………………… 12、138、140
- 旧定額法 ………………………… 56
- 旧定率法 ………………………… 60
- 給排水設備 ……………………… 80
- 漁業権 …………………………… 94
- 繰延資産 ………………………… 102
- 経営力向上設備を取得したときの特別償却 …………………… 168
- 経常利益 ………………………… 18
- 決算整理 ………………………… 32
- 決算調整 ………………………… 32
- 決算日 …………………………… 14
- 減価償却 ………………………… 34
- 減価償却資産 ……………… 35、40
- 減価償却の方法 ………………… 66
- 減価償却費 ……………………… 34
- 減価償却累計額 ………………… 134
- 現金出納帳 ……………………… 28
- 建設仮勘定 ……………………… 78
- 鉱業権 …………………………… 94
- 工具 ……………………………… 90
- 航空機 …………………………… 86

構築物	82
固定資産税	70

さ

財務会計	30、142
財務諸表	12
残存価額	56
事業供用日	50
事業年度	16
事業の用に供した日	50
自己金融効果	39
資産	14、18、20
資産の除却	126
資産の売却	124
試算表	29
実用新案権	94
資本金	14
資本的支出	110、112、114
社債等発行費	102
車両運搬具	88
収益	20
修繕費	110、112
取得価額	44
純資産	18、20
少額減価償却資産の特例	47
少額減価償却資産の損金算入制度	118
償却可能限度額	57
償却限度額	146
償却資産税	70
償却超過額	147、148、154
償却不足額	147、150
償却方法の変更	68
償却保証額	62
消費税	48
商標権	95
書画骨董	117
除却	126
仕訳	21
申告調整	30、32、142
新定額法	58
新定率法	62、64
税効果会計	180
税込経理	48
生産高比例法	158
製造原価報告書	136
税抜経理	48
税引前当期純利益	19
生物	100
税務会計	30、142
税務調整	32
設備投資減税	156
船舶	86
増加償却	162
倉庫用建物の割増償却	173
創立費	102
ソフトウエア	98
損益計算書	12、16、18、136
損金経理	146

た

貸借対照表	12、14、18、132、134
耐用年数	38、41、42
耐用年数の短縮	160
建物	72、74、76
建物附属設備	72、80
中古資産	106、108
中小企業者	120
中小企業者等が機械等を取得した場合の特別償却	165、166
中小企業者等の少額減価償却資産の損金算入制度	120
中小企業者の少額減価償却資産の特例	47
中小企業投資促進税制	166

帳簿組織…………………………… 28		別表十六…………………………… 152
直接控除法………………… 132、134		別表四……………………………… 144
直接法……………………………… 140		法定の償却方法…………………… 67
定額法……………………………… 54		ホームページの作成費用………… 99
定率法……………………………… 54		保証率……………………………… 62
電気設備…………………………… 80		

ま

特殊自動車………………………… 88	店用簡易設備……………………… 80
特別償却…………………………… 164	無形減価償却資産…………… 35、94
特別償却準備金…………………… 170	
特別損失…………………………… 18	
特別利益…………………………… 18	
特許権……………………………… 94	

や

有形減価償却資産………………… 35
有姿除却…………………………… 128
輸出事業用資産の割増償却……… 172
預金出納帳………………………… 28

な

内部造作…………………………… 76

ら

リース期間定額法………………… 179
リース取引………………… 176、178
利害関係者………………………… 13
冷房・暖房設備…………………… 80

200％定率法……………………… 64
250％定率法……………………… 62
任意償却…………………………… 147

わ

割増償却…………………………… 172

は

バランスシート…………………… 14
販売費及び一般管理費……… 18、136
非減価償却資産…………… 41、116
非常用食品………………………… 49
備忘価額…………………………… 57
費用………………………………… 20
ファイナンス・リース取引……… 176
複式簿記…………………………… 21
負債…………………… 14、18、20
振替伝票…………………………… 29
別表………………………… 31、144
別表五（一）……………………… 145

渡辺尚人（わたなべ　なおと）

千葉県生まれ。税理士。成蹊大学経済学部卒業後、会計事務所に就職。平成14年に税理士登録後、現在にわたって東京都江戸川区に事務所を置き、東京、千葉を中心に多くの中小企業の税務・会計業務に携わっている。得意分野は経営計画策定と業績管理による黒字化支援。「経営計画と月次決算なくして会社の繁栄なし」をモットーにフットワークよくハートフルなサービスの提供を展開中。また、租税教育にも携わり、小学生から高校生までの学生を対象に「税を身近に感じること」をテーマとした啓発活動も実施している。

渡辺会計事務所
〒132-0031　東京都江戸川区松島4-32-9
03-3655-8128
https://www.ht-consulting.net

図解でわかる減価償却　いちばん最初に読む本

2011年10月15日　初版発行
2025年 4 月20日　第12刷発行

著　者　渡辺尚人
発行者　吉溪慎太郎
発行所　株式会社 アニモ出版
　　　　〒162-0832 東京都新宿区岩戸町12 レベッカビル
　　　　TEL 03(5206)8505　FAX 03(6265)0130
　　　　http://www.animo-pub.co.jp/

©N.Watanabe2011　ISBN978-4-89795-132-4
印刷・製本：壮光舎印刷　Printed in Japan

落丁・乱丁本は、小社送料負担にてお取り替えいたします。
本書の内容についてのお問い合わせは、書面かFAXにてお願いいたします。

すぐに役立つ アニモ出版 実務書・実用書

図解でわかる 原価計算の基本としくみ

城西コンサルタントグループ 監修　定価 1760円

原価のしくみから計算のしかたまで、初めての人でもスラスラ頭に入ってシッカリ理解できる。原価計算担当者や経理担当者はもちろん、工業簿記検定受験者にも最適の超入門書。

図解でわかる 在庫管理の基本としくみ

六角 明雄 著　定価 1870円

在庫管理のしくみと基礎知識からコスト削減、経営戦略まで、図解とわかりやすい解説でやさしく手ほどき。中小企業経営者や在庫担当者、経理担当者、新入社員にもおススメの1冊。

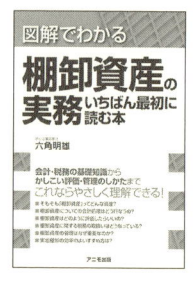

図解でわかる棚卸資産の実務 いちばん最初に読む本

六角 明雄 著　定価 1980円

棚卸資産に関する会計・税務の基礎知識から、かしこい評価・実地棚卸・管理のしかたまで、豊富なイラスト図解とわかりやすい解説で初めての人でもやさしく理解できる入門実務書。

キャッシュフローと損益分岐点の見方・活かし方

本間 建也 著　定価 1980円

会社を強くするための会計実務書。利益管理に欠かせない損益分岐点とキャッシュフロー（資金収支）を合体させることで本当の意味での採算計算、利益戦略を実践的に指南する本。

定価変更の場合はご了承ください。